WITHDRAWN

WORN, SOILED, OBSOLETE

WORN, SOILED, OBSOLETE

CIA

EDAF

MADRID - MÉXICO - BUENOS AIRES - SAN JUAN - SANTIAGO - MIAMI

ERIC FRATTINI

HISTORIA DE LA COMPAÑÍA

LOS SERVICIOS SECRETOS

© 2005. Eric Frattini
© 2005. De esta edición, Editorial EDAF, S.L.

Editorial EDAF, S. L.
Jorge Juan, 30. 28001 Madrid
http://www.edaf.net
edaf@edaf.net

Ediciones-Distribuciones Antonio Fossati, S.A. de C.V.
Sócrates, 141 5º piso - Colonia Polanco
C.P. 11540 - México D.F.
edafmex@edaf.net

Edaf del Plata, S. A.
Chile, 2222
1227 - Buenos Aires, Argentina
edafdelplata@edaf.net

Edaf Antillas, Inc
Av. J. T. Piñero, 1594 - Caparra Terrace (00921-1413)
San Juan, Puerto Rico
edafantillas@edaf.net

Edaf Antillas
247 S.E. First Street
Miami, FL 33131
edafantillas@edaf.net

Edaf Chile, S.A.
Exequiel Fernández, 2765, Macul
Santiago - Chile
edafchile@edaf.net

Queda prohibida, salvo excepción prevista en la ley, cualquier forma de reproducción, distribución, comunicación pública y transformación de esta obra sin contar con la autorización de los titulares de propiedad intelectual. La infracción de los derechos mencionados puede ser constitutiva de delito contra la propiedad intelectual (art. 270 y siguientes del Código Penal). El Centro Español de Derechos Reprográficos (CEDRO) vela por el respeto de los citados derechos.

3ª. edición, abril 2007

Depósito legal: M. 19.322-2007
ISBN: 978-84-414-1707-6

PRINTED IN SPAIN   IMPRESO EN ESPAÑA
Anzos, S.L. - Fuenlabrada - Madrid

A Silvia y Hugo, los más importantes para mí...

A mi madre, por mostrarme el valor de la lectura...

ÍNDICE

Págs.

Introducción	....	11
Capítulo 1.	ORÍGENES	15
Capítulo 2.	DIRECTORES	65
Capítulo 3.	ESPÍAS	89
Capítulo 4.	TRAIDORES	119
Capítulo 5.	OPERACIONES	185
Capítulo 6.	DEPARTAMENTOS Y SISTEMAS	227
Anexo I.	Relación de DCI	259
Bibliografía recomendada sobre la CIA	....	261
Índice onomástico	....	265

INTRODUCCIÓN

CIA. Historia de La Compañía constituye para el lector un pequeño resumen de los casi sesenta años de vida de la Agencia Central de Inteligencia. Tras el fin de la Segunda Guerra Mundial, el presidente Harry Truman decidió crear un servicio de inteligencia, pero antes de firmar la llamada *Acta de Seguridad Nacional* el 26 de julio de 1947 que daba luz verde al nacimiento de la CIA, estableció que nunca podría realizar actos de espionaje dentro de los Estados Unidos.

A los hombres y mujeres que comenzaron a trabajar para la nueva agencia se les encomendó la dura tarea de vigilar la seguridad nacional del país, pero sin poner o crear un verdadero sistema de control que pusiese coto a los desmanes que iban a producirse. El escritor e historiador Joseph Trento, en su magnífica *La historia secreta de la CIA*, explica que muchos de estos individuos eran valientes, pero otros también eran cobardes y arrogantes. Muchos héroes de la Segunda Guerra Mundial emprendieron una carrera profesional en la CIA, en donde no produjeron ninguna victoria real y sí muchas tragedias.

Esta obra, la primera de una serie de libros sobre los grandes servicios de inteligencia del mundo, muestra los orígenes de la Agencia Central de Inteligencia, sus directores, sus espías, sus traidores, sus operaciones encubiertas, sus nombres clave, sus departamentos o sus sistemas tecnológicos utilizados por Estados Unidos para espiar a amigos y enemigos.

A través de más de seiscientas preguntas y respuestas, el lector podrá leer la historia de oportunistas, de crueldades, de genialidades, de intereses personales y de orgullos mal entendidos. Ninguna otra profesión como la de espía ha requerido nunca una entrega tan absoluta, pero a la vez un abandono de los propios códigos morales, todo ello en defensa de una patria, ya sea Estados Unidos, Gran Bretaña, la Unión Soviética/Rusia o Israel.

Sea como sea, y gracias en parte a la desclasificación de documentos y a obras publicadas por ex agentes de la CIA, el público ha ido conociendo un poco más de la historia secreta de una de las mayores organizaciones de inteligencia de todo el mundo. Un agente arrepentido de la CIA, Ralph W. McGehee, y que trabajó para la agencia entre 1952 y 1977, publicó un libro titulado *Deadly Deceits: My 25 years in the CIA* (Engaños mortales: Mis veinticinco años en la CIA), en donde detallaba la participación de Estados Unidos a través de la CIA, en el apoyo a las dictaduras latinoamericanas y a la represión que pusieron en juego estas tras alcanzar el poder.

A través de la desclasificación de documentos, la historia de la CIA está haciéndose dolorosamente clara para los estadounidenses. El entrenamiento para torturas «que rivalizaron con los nazis» y la asociación de la CIA con los «escuadrones de la muerte» para los que «la Agencia Central de Inteligencia sirvió de cobertura», son algunas de las confe-

INTRODUCCIÓN

siones realizadas por el ex agente sobre las operaciones de la CIA en Uruguay. McGehee destaca asimismo la participación como instructor en formas de torturas de Dan Mitrione, un agente cuya máxima habilidad era la de mantener vivo el mayor tiempo posible al prisionero, mientras era torturado.

La CIA armó directamente «a la policía secreta» y «escuadrones de la muerte» en El Salvador, Guatemala, la Nicaragua somozista, Corea del Sur, Irán, Chile y Uruguay. Este libro relata también operaciones encubiertas como la de 1973, cuando la CIA supervisó el fin del presidente Salvador Allende en Chile y cómo la empresa norteamericana ITT ofreció un millón de dólares a la CIA para que diera un golpe de Estado, que puso en el poder al general Augusto Pinochet. Sería también la agencia quien colaboraría con los militares chilenos desde 1971 para elaborar un listado de «veinte mil candidatos a ser liquidados la mañana del golpe».

El presidente Bill Clinton, durante la celebración del 50 aniversario de la CIA, dijo: «Por necesidad, los americanos nunca sabrán la historia completa de su coraje (la de los agentes de la CIA)». A su entender, esto quería decir que los estadounidenses deberían dejar de criticar a la CIA porque no saben lo que realmente hace. Una agencia que está más allá de la crítica y también más allá de las mínimas reglas morales. Su secretismo y su falta de control permitieron durante años el crecimiento de la corrupción y el abuso de poder.

La historia de la agencia está haciéndose cada vez más clara con la declasificación de sus documentos. La CIA usualmente, desde su creación en 1947 y hasta nuestros días, ha despreciado las alianzas con los defensores de la democracia, y ha preferido la compañía de dictadores que defendían los intereses de Estados Unidos en sus propios países. Como consecuencia de las acciones de la CIA, desde Vietnam hasta la Guerra del Golfo, pasando por Panamá o Iraq, no solo los medios de comunicación de Estados Unidos, sino también los ciudadanos estadounidenses, se preguntan cuál es la defensa de valores que lleva a cabo la CIA alrededor del mundo. Manuel Medina-Anaya y Cristóbal García Vera, en su análisis *La CIA, su historia y su papel en el mundo*, aseguran que «Conocer el papel cumplido por la Agencia Central de Inteligencia de Estados Unidos es una de las claves para entender la historia reciente del mundo», y quizá sea cierto.

Este libro intenta de forma sencilla en sus más de seiscientas preguntas dar respuestas a muchas de estas claves, secretas hasta entonces.

-- Capítulo 1 --
ORÍGENES

¿Qué significa CIA?

CENTRAL INTELLIGENCE AGENCY, en inglés, o Agencia Central de Inteligencia, en español.

¿Cuándo se fundó y bajo qué presidencia?

El 26 de julio de 1947, tras la aprobación en el Congreso de la llamada *Acta de Seguridad Nacional*. En septiembre de ese mismo año comenzó a operar la CIA.
La CIA se fundó bajo la presidencia de Harry S. Truman (1945-1953).

¿Dónde está establecida su sede?

En Langley, Virginia. A unos quince kilómetros de Washington D. C. Su actual sede fue construida en 1961. Su aparcamiento tiene cabida para cerca de tres mil vehículos y en su restaurante se da de comer cada día a cerca de mil quinientas personas.

¿Cuánto costó el edificio?

33.175.867 dólares de la época (27.646.556 €).

¿Qué otros nombres recibe la CIA?

La Compañía, la Granja o el Gobierno Invisible.

¿Quién fue el verdadero arquitecto de la CIA?

El general William «Wild Bill» Donovan, director de la Oficina de Servicios Estratégicos (OSS). En 1944, Donovan propuso al entonces presidente Franklin D. Roosevelt (1932-1945) la creación, tras la Segunda Guerra Mundial, de un servicio de inteligencia que operase a nivel mundial.

¿Qué retrasó la creación de la CIA?

La muerte del presidente Roosevelt el 12 de abril de 1945.

¿Quiénes pusieron las principales trabas a la idea de Donovan?

El Departamento de Estado, porque no deseaba que hubiera interferencias entre sus asuntos de política exterior y el FBI del poderoso J. Edgar Hoover, ya que supondría trabas en la seguridad interna del país, cuya responsabilidad estaba bajo su mando.

¿En qué año dejó de operar la Oficina de Servicios Estratégicos (OSS), antecesora de la CIA?

En octubre de 1945 por orden del presidente Truman, que no deseaba una agencia de inteligencia que pudiese ser usada contra los ciudadanos de Estados Unidos.

¿Qué agencia llevó los asuntos de inteligencia entre octubre de 1945, año de la abolición de la OSS, y julio de 1947, año de la creación de la CIA?

La Unidad de Servicios Estratégicos, la Strategic Service Unit o SSU. Debido a los reparos manifestados por Donovan se decidió transferir todas las operaciones de la OSS a la nueva SSU. Esta se encargaría de las tareas de recoger información de inteligencia en el extranjero, así como de las operaciones de contraespionaje dentro del territorio de Estados Unidos.

¿Qué otra agencia se creó en enero de 1946?

El llamado Grupo Central de Inteligencia o CIG. Debido a la burocracia creada por las dos ramas de inteligencia, espionaje y contraespionaje, el presidente Truman decidió la creación del CIG. Este grupo se ocuparía de la recolección de información en el extranjero, pero estaría bajo la supervisión de la dirección de la llamada Autoridad Nacional de Inteligencia (NIA).

¿Quiénes conformaban la NIA?

Un representante de la Casa Blanca y tres representantes del secretario de Estado, del secretario de Guerra y del secretario de la Marina. Truman nombró al almirante Sydney W. Souers, director adjunto de Inteligencia Naval, como director de la Central de Inteligencia. El cargo de director es identificado con las letras DCI.

¿Cuáles eran las funciones del CIG?

Facilitar al presidente Truman un informe de inteligencia diario y semanal con recomendaciones sobre operaciones.

¿Qué provocó la creación de la CIA?

El comienzo de la Guerra Fría. El Acta de Seguridad Nacional de 1947 obligaba a las Fuerzas Armadas a unificarse en un Departamento de Defensa y al Consejo de Seguridad Nacional (NSC) a coordinar las políticas de defensa y relaciones exteriores.

¿Cuál era la principal recomendación de Donovan a Truman sobre la CIA?

Que la nueva agencia no tuviera poderes policiales.

ORÍGENES

¿Qué dio alas a la CIA para luchar contra el KGB en plena Guerra Fría?

La directiva del Consejo de Seguridad Nacional de abril de 1950. En un párrafo de la directiva se hacía un llamamiento a «una vigorosa política ofensiva contra la Unión Soviética».

¿Qué dos errores históricos y estratégicos cometió la CIA en la década de los años cincuenta?

El primero: no supo anticiparse a la entrada de tropas norcoreanas en Corea del Sur y que provocó la llamada Guerra de Corea el 25 de junio de 1950. El segundo: asegurar al presidente Truman que China jamás intervendría en el conflicto.

¿Cuál es la página web de la CIA?

www.cia.gov

¿Qué otras agencias de la Comunidad de Inteligencia de Estados Unidos pueden consultarse en Internet?

Agencia de Inteligencia de Defensa (DIA):
  www.dia.mil
Casos de Espionaje 1975-1999:
  www.dss.mil/training/espionage/index.htm

FBI:
www.fbi.gov
Acta de Libertad de Información del FBI:
www.foia.fbi.gov
Departamento de Seguridad Interior:
www.whitehouse.gov/homeland
Centro Nacional de Contrainteligencia (NACIC):
www.nacic.gov
Agencia Nacional de Mapas e Imágenes (NIMA):
www.geoengine.nima.mil
Oficina Nacional de Reconocimiento (NRO):
www.nro.gov
Agencia de Seguridad Nacional (NSA):
www.nsa.gov

¿Cuál es el símbolo de la CIA?

El escudo está formado por un águila de cabeza blanca y un compás rojo sobre un escudo blanco.

El águila es el ave nacional de Estados Unidos, y el compás o la estrella roja de dieciséis puntas simboliza la búsqueda de material de inteligencia en todo el mundo y siempre fuera del territorio de Estados Unidos. El compás o la estrella sobre un escudo blanco simboliza la defensa de los Estados Unidos a través de la recolección de información. Los colores son los de la bandera estadounidense, el rojo, el blanco y el azul.

¿Quién dirigió la comisión, por encargo del presidente Eisenhower, para estudiar el potencial estadounidense en la Guerra Fría?

El general James Doolittle, el mismo que en plena Segunda Guerra Mundial consiguió bombardear Tokio despegando desde el portaviones *Hornet*.

¿Qué resultados dio la comisión?

«Si Estados Unidos sobrevive a la Guerra Fría», decía el informe de Doolittle, «el concepto de vida americana deberá ser reconsiderado. En caso de que eso suceda, nosotros deberemos desarrollar un espionaje y contraespionaje efectivo y deberemos aprender a realizar actos subversivos y sabotajes para destruir a nuestros enemigos. Nosotros deberemos desarrollar métodos más sofisticados para luchar contra ellos».

¿Qué revelaciones dadas por el diario *The New York Times* provocaron el mayor rechazo del público estadounidense hacia la CIA?

El 22 de diciembre de 1974, el periodista Seymur Hersh reveló que la CIA había estado interviniendo el correo de los estadounidenses durante casi dos décadas dentro de la llamada operación «CHAOS». William Colby confirmó la historia, pero al mismo tiempo declaró que hacía años que esa actividad había finalizado. El *The New York Times* recordó a la CIA que esta tiene prohibido por ley espiar dentro de las fronteras de Estados Unidos.

¿Qué presidente de Estados Unidos ordenó la primera investigación sobre las actividades de la CIA dentro del territorio de Estados Unidos?

Gerald Ford (1974-1977). Este ordenó la creación de la llamada Comisión Rockefeller con el fin de investigar las actividades de la CIA dentro de Estados Unidos, algo que tiene prohibido por ley. Los Comités de Inteligencia del Congreso y del Senado declararon finalmente que la CIA había llevado a cabo operaciones «ilegales e impropias» de una agencia federal de inteligencia.

¿Qué presidente de Estados Unidos prohibió a la CIA llevar a cabo asesinatos mediante una orden ejecutiva?

Jimmy Carter (1977-1981). Tras las revelaciones llevadas a cabo sobre operaciones secretas de la CIA en Vietnam, Cuba, Filipinas, China, República Dominicana, Guatemala, Laos, Congo o Camboya durante las audiencias del Comité Church se decidió prohibir desde entonces las operaciones de asesinatos de líderes políticos extranjeros.

¿Qué dos cuerpos legislativos se formaron para controlar las actividades de la CIA?

El Selecto Comité Permanente del Senado para Inteligencia en mayo de 1976 y el Selecto Comité Permanente del Congreso para Inteligencia en julio de 1977.

¿Qué otra orden ejecutiva salió tras las audiencias del Comité Church?

La orden ejecutiva presidencial que prohibía a la CIA poner bajo vigilancia a un ciudadano dentro de Estados Unidos. Si la CIA creía que algún ciudadano ponía en peligro la Seguridad Nacional, debía informar oficialmente al FBI, agencia federal responsable del contraespionaje en territorio estadounidense.

¿Qué otra orden ejecutiva salió tras las audiencias del Comité Church?

Para poder dar luz verde a una operación encubierta en el extranjero, la CIA necesitaba la autorización expresa del presidente de los Estados Unidos.

¿Qué presidente de Estados Unidos daría el mayor poder operativo a la CIA?

El presidente Ronald Reagan (1981-1989). Para otorgar mayor poder a la CIA en operaciones en el extranjero nombró primero como nuevo DCI a William Casey, un veterano de la OSS. Como segunda medida, nombró a Casey miembro del gabinete. Como tercera medida, decidió crear el llamado Cuerpo Consultivo de Inteligencia en el Extranjero del Presidente. Este cuerpo consultivo estaba liderado por William Casey.

¿Qué permitía este «Cuerpo Consultivo de Inteligencia en el Extranjero del Presidente»?

Saltarse la llamada Acta de Libertad de Información (FOIA). Al ser operaciones encubiertas ordenadas por la Casa Blanca y no directamente por la CIA, todos los documentos llevaban el sello de «Secreto Presidencial» y, por tanto, quedaban fuera de la FOIA y, en consecuencia de esto último, fuera de los ojos de periodistas e investigadores.

¿Qué famosa operación ordenó el Cuerpo Consultivo de Inteligencia en el Extranjero del presidente Ronald Reagan?

La provisión de fondos ilimitados a la Contra nicaragüense que luchaba contra el Gobierno sandinista en aquel país.

¿De dónde procedían estos fondos?

De la venta ilegal de armas a Irán vía Israel. Israel capturaba armamento a los palestinos en su incursión en el Líbano, las partidas eran entregadas a Estados Unidos y estos las enviaban a Irán en transportes financiados dentro de la operación «Irán-Contra».

¿Qué escándalo provocó esta operación?

El llamado «Irangate». Las audiencias en el Comité del Senado demostraron que personal de la CIA y del Consejo de Seguridad Nacional del presidente Reagan, habían estado implicados en el escándalo «Irangate». El Comité descubrió también el llamado *Manual de Operaciones Psicológicas de Guerra de Guerrillas*. Este consistía en un manual preparado por la CIA y destinado a los efectivos de la Contra en donde se les enseñaba a realizar actos de sabotaje en zonas civiles, a realizar asesinatos selectivos de líderes sandinistas y cosas por el estilo.

¿Qué informaciones importantes fueron filtradas en los últimos años y que pondrían en evidencia a la CIA?

Dos analistas de la CIA hicieron público que durante el despliegue de tropas estadounidenses durante la Guerra del Golfo tras la invasión de Iraq al emirato de Kuwait, las fuerzas aéreas bombardearon por error un depósito de armas químicas, conocido por la CIA, dejando escapar las peligrosas sustancias que respiraron después los soldados de Estados Unidos. Los dos analistas fueron obligados a dimitir. También se hizo público el programa de entrenamiento llevado a cabo por la CIA a diversas fuerzas de seguridad latinoamericanas con relación a asesinatos y técnicas de torturas sin llegar a matar al prisionero. Se hizo público asimismo el papel de la

CIA sobre su conocimiento en el caso de asesinatos de ciudadanos estadounidenses por parte de las fuerzas de seguridad guatemaltecas. Por último, se hizo público que la CIA había mantenido en completo secreto y durante casi treinta años los vuelos de Objetos Voladores No Identificados (OVNIS).

¿Qué provocaría en 1996 uno de los mayores escándalos con respecto a la CIA?

En agosto de 1996 el diario *The San Jose Mercury News* descubrió una operación de la CIA llevada a cabo durante el comienzo de los años ochenta. Al parecer, una gran partida de crack fue introducida en Estados Unidos y vendida en el barrio negro de Watts, en Los Ángeles. El dinero recaudado fue enviado a la Contra en su lucha contra el Gobierno sandinista nicaragüense. El DCI, John Deutch, se vio obligado a negar todas las acusaciones ante el llamado «Caucus Negro» del Congreso. El departamento del *sheriff* del condado de Los Ángeles puso serios reparos a lo afirmado por el *The San Jose Mercury News*, alegando que no habían encontrado ninguna prueba de ello. Finalmente, en mayo de 1997, el editor del diario se disculpó públicamente, aunque el daño estaba ya hecho a la ya tocada reputación de la CIA.

¿Qué resultado dio la Comisión Presidencial Independiente sobre el papel de la CIA tras los atentados del 11 de septiembre de 2001?

La comisión descubrió que la CIA había declarado la guerra al terrorismo islámico en 1998 tras los atentados a las embajadas estadounidenses en Kenia y Tanzania, pero «que la CIA no había hecho estimaciones completas sobre el enemigo».

¿Cuál es el principal objetivo de la CIA en el siglo XXI?

La lucha contra el terrorismo.

¿A qué se llama «Tía Minnie» en la CIA?

A todas las imágenes que han sido tomadas de forma ocasional por un fotógrafo, un periodista, un turista de un objetivo concreto. Durante la Segunda Guerra Mundial los archivos de fotografías de la National Geographic Society fueron estudiados por los analistas de inteligencia para conocer lugares que habían sido fotografiados antes de la contienda y que en ese momento estaban bajo ocupación de las Potencias del Eje.

¿A qué se llama «Canguro» en la CIA?

A un guardaespaldas.

¿A qué se conoce en la CIA como el «Gran Pájaro»?

Al satélite combinado con sistemas fotográficos e infrarrojos y utilizado por la CIA. El primero fue lanzado el 15 de junio de 1971. El *Titan 3D* pesaba quince toneladas y portaba dos cámaras KH-9, que eran capaces de fotografiar objetos de dos centímetros a una distancia de 140 kilómetros de altitud. Los «Grandes Pájaros» fueron puestos en órbita, dos cada año, entre 1971 y 1984.

¿Qué problemas técnicos tenían los «Grandes Pájaros»?

Su corta vida. Su batería duraba tan solo 52 días. En 1979 ya llegaba a los 179 días, y en 1983 la vida de sus baterías llegaba a los 275 días.

¿Qué código secreto recibió el proyecto?

Código 467 o «Hexagon».

¿A qué se denomina «Trabajo de la Bolsa Negra»?

A las misiones en las que se debe entrar ilegalmente en una habitación para recabar información o activar micrófonos. Este tipo de trabajos finalizaron oficialmente el 19 de julio de 1966, cuando el DCI Richard Helms ordenó el fin de este tipo de operaciones dentro de Estados Unidos.

¿A qué se denomina «Lista Negra»?

A la lista utilizada por la contrainteligencia en la que se incluyen los nombres de sociedades, personas y simpatizantes hostiles a los intereses de Estados Unidos.

¿A qué se conoce como el Libro de Honor?

El libro que se encuentra ante el Muro de Honor, en el cuartel general de la CIA en Langley, Virginia. El libro contiene 82 estrellas que representan a 82 operativos de la CIA muertos en acción. En el libro y en el muro aparece la inscripción «En honor de aquellos miembros de la Agencia Central de Inteligencia que dieron su vida al servicio de su país». Solo 48 nombres han sido revelados. Los otros 34 permanecen en el anonimato por expreso deseo de sus familias, de la propia CIA o del Gobierno. El memorial fue esculpido por el artista Harold Vogel en 1974.

¿Dónde perdieron la vida algunos de los 82 agentes de la CIA muertos en acción?

En la Guerra del Vietnam, cinco en 1961 y 7 en 1965; ocho en el ataque a las instalaciones de los Estados Unidos en Beirut en 1983; siete en la invasión de Panamá. En 1997 el diario *The Washington Post* publicó las identidades de cinco hombres y una mujer, cuyos nombres eran estrellas anónimas en el libro y en el Muro de Honor. El autor del artículo, Ted Gup, publicó poco después un libro titulado *Book of Honor* y en el que recopilaba las actividades de los agentes de la CIA muertos en acción.

¿Qué era la Caribbean Marine Aero Transportation?

Una compañía aérea propiedad de la CIA y utilizada por los pilotos del exilio cubano. Los aviones eran bombarderos

B-26 Invader, que habían sido utilizados por la CIA para bombardear a los comunistas del Congo en 1964.

¿A qué se conoce como CIPA?

A la llamada en español *Acta de Procedimientos de Información Clasificada*. Establecida en 1980, permitía el establecimiento de procedimientos para la revelación y admisión de información clasificada en juicios por espionaje. La CIPA permitía a los jueces decidir el nivel de protección de un documento clasificado durante los juicios.

¿A qué le llama la CIA una «Aproximación Fría»?

A un intento de reclutamiento de un ciudadano local en un país enemigo por parte de un agente de la CIA. Antes de llevar a cabo la «Aproximación Fría» el agente debe conocer si su objetivo necesita dinero, o si no es feliz con su estilo de vida, trabajo o familia.

¿Qué función tenía el Comité de Inteligencia Extranjera?

Establecido por el presidente Ford el 19 de febrero de 1979, el Comité tenía el objetivo de controlar los presupuestos del Programa Nacional de Inteligencia en el Extranjero. El Comité estaba formado por el DCI, el vicesecretario de Defensa y un asesor del presidente para asuntos de Seguridad Nacional.

¿Qué documentos de la CIA llevan la letra C?

Son los documentos denominados Confidenciales, es decir, todos aquellos clasificados como de alta seguridad, información que afecta a la seguridad nacional o aquellos que no están autorizados a ser revelados públicamente sin autorización expresa. Esta es la clasificación más baja de seguridad. La primera clasificación es «Alto Secreto» y la segunda «Secreto».

¿A qué se dice «Inteligencia Confirmada»?

A toda aquella información de inteligencia que es confirmada por varias fuentes.

¿A qué se llama un «Agente Confusión»?

A los agentes títeres utilizados para confundir a los servicios de contraespionaje y desviar la atención de la verdadera operación.

¿A qué se denomina «Consumidor»?

A una persona o agencia de espionaje interesada en comprar o adquirir una información.

¿Qué nombre recibe la CIA por parte de su homólogo británico, el MI6?

Primos.

¿A qué se conoce como «Crippie» en la propia CIA?

A los criptólogos, operadores destinados en la división de cifrado, codificados y descodificados.

¿A qué se conoce como categoría CIIA?

A las instalaciones que tienen la categoría bajo la llamada *Acta de Información de Infraestructuras Críticas*. Esta categoría es dada por el Departamento de Seguridad Interior a instalaciones que pueden ser objetivos potenciales de ataques terroristas como bases militares, plantas nucleares, plantas de agua, aeropuertos, fábricas de armas, etcétera.

¿Cuál fue la mayor estación de la CIA?

La situada en Miami. En los momentos álgidos de sus operaciones encubiertas contra la Cuba castrista, llegó a tener 600 oficiales de campo y cerca de 3.000 agentes, la mayor parte de ellos procedentes del exilio.

¿A qué se denomina «Países Designados»?

A una clasificación dada por la CIA a aquellos países que tienen políticas o pueden tener políticas contrarias a los intereses de Estados Unidos. En enero de 2004 la lista incluía a 49 países divididos en cuatro grupos: países que no tienen relaciones diplomáticas con Estados Unidos, países

ORÍGENES

bajo embargos o sanciones de Estados Unidos, países con tecnología para el desarrollo de misiles, y países acusados de apoyar al terrorismo. Entre estos últimos se encuentran Cuba, Irán, Corea del Norte, Libia, Sudán y Siria.

¿Qué se conoce como «Empleado»?

En dialecto de la CIA, empleado es la persona que trabaja para alguna de las agencias de inteligencia de Estados Unidos.

¿A qué se llama Acción Ejecutiva?

Acción de asesinato, generalmente sancionada o no aprobada por la CIA o por alguno de sus dirigentes.

¿Qué función tenía Fort Holabird?

Fort Holabird es el antiguo emplazamiento de la Inteligencia Militar de Estados Unidos. Fort Holabird o «The Bird» (El Pájaro) estaba localizado en Baltimore. Después de la Segunda Guerra Mundial el Ejército destinó las instalaciones a escuela para agentes de la inteligencia militar e inauguró el primer curso en mayo de 1955. Durante la guerra del Vietnam la escuela de inteligencia necesitó ampliarse para llevar a cabo cursos de Inteligencia Electrónica y para ello se trasladaron a Fort Huachuca en el desierto de Arizona. En 1971 Fort Huachuca recibió el nombre de «Casa de la Inteligencia Militar». La escuela cambió de nombre por el de Escuela y Centro de Inteligencia. El Pájaro fue clausurado como centro de inteligencia militar en 1973.

¿Qué función tiene Fort Meade?

Lugar en donde se encuentra la Agencia de Seguridad Nacional (NSA) y las actividades de inteligencia militar (DIA) desde 1957. La base fue fundada en 1917 con el nombre del mayor general George Gordon Meade, un héroe del Ejército de la Unión en la batalla de Gettysburg. Más de cien mil soldados fueron entrenados en Fort Meade durante la Primera Guerra Mundial. Cuando la NSA fue establecida por orden secreta presidencial, Fort Meade fue el lugar elegido para su ubicación bajo el nombre clave de *Proyecto K. Soon*. Fort Meade es también la localización del Museo Nacional de Criptología.

¿A qué se llama Acta de Libertad de Información?

Conocida como FOIA, Freedom of Information Act, es una ley federal dirigida a todas las agencias del Gobierno, incluida la CIA, la NSA y el FBI, por la que los obliga a desclasificar documentos secretos. La primera agencia en «liberar» documentos secretos fue el FBI en 1975. En 2003 el FBI ya había desclasificado cerca de seis millones de páginas. Después del 11 de septiembre de 2001, tras los ataques a las Torres Gemelas y al Pentágono, el Departamento de Justicia comunicó a las agencias federales que si se resistían a desclasificar documentos por orden de la FOIA, el Departamento apoyaría esta decisión. La FOIA tiene exenciones como todos aquellos documentos cuya información procede de la NSA. En documentos liberados por la FOIA no se hacen públicos los nombres de agentes encubiertos o fuentes de inteligencia.

¿En qué página web pueden consultarse los documentos desclasificados por agencias federales bajo el Acta de Libertad de Información?

www.usdoj.gov/04foia

¿A qué organismo federal de seguridad debe reportar la CIA compartiendo información tras los atentados del 11 de septiembre de 2001?

Con el llamado Departament of Homeland Security. Tras la descoordinación demostrada por las agencias federales de seguridad e inteligencia, tras los ataques del 11-S, el presidente George Bush decidió establecer el DHS con el fin de coordinar la información con respecto a asuntos de terrorismo dentro del territorio nacional. El nuevo departamento comenzó a operar el 24 de enero de 2003.

¿Qué seis organismos federales están bajo jurisdicción del DHS en materia de terrorismo?

La Guardia Costera de Estados Unidos, la Agencia Federal de Control de Emergencias (FEMA), el Servicio Secreto y la Oficina de Ciudadanía y Servicio de Inmigración de forma directa. La CIA (espionaje) y el FBI (contraespionaje), de forma indirecta dependiendo del grado de alerta.

¿Cuáles son los grados de alerta del DHS para la CIA y el FBI?

«Rojo» para alerta severa, «Naranja» para alerta alta, «Amarillo» para alerta elevada, «Azul» para alerta permanente, y «Verde» para alerta baja.

¿Qué significan las letras IC?

Comunidad de Inteligencia. Este término es utilizado por el poder ejecutivo de Estados Unidos para referirse al grupo de agencias de inteligencia, civiles y militares. La IC está dirigida por el DCI y por un subdirector de la CIA que actúa como enlace entre las agencias de inteligencia.

¿Qué agencias forman la IC?

Servicio de Inteligencia de las Fuerzas Aéreas, Inteligencia del Ejército, Agencia de Inteligencia de Defensa (DIA), Departamento de Seguridad Interior, Departamento de Estado, Departamento del Tesoro, Oficina Federal de Investigación (FBI), Inteligencia del Cuerpo de Marines, Agencia Nacional de Inteligencia Geoespacial, Oficina Nacional de Reconocimiento, Agencia de Seguridad Nacional (NSA), e Inteligencia Naval.

¿Quién forma la jefatura de la IC?

El director de la CIA, asistido por un oficial de tres estrellas (un vicealmirante o un teniente general). En 1996 el Congreso estableció un nuevo cargo, el subdirector de la IC para la Gestión y que reportaría directamente al Comité de Inteligencia del Congreso y Senado y no al DCI.

¿A qué se conoce como «Círculo de Inteligencia»?

Al proceso que sigue en la CIA una información desde que es planificada la operación hasta que es recogida por oficiales o agentes de la agencia. El círculo está formado por cinco etapas:

Planificación: Determina las necesidades y los requerimientos de inteligencia, preparación de un plan y necesidades operativas.

Recolección: Filtra la información recolectada y la distribuye a los diferentes departamentos de la CIA para su análisis.

Procesamiento: Convierte la información en un informe legible, incluyendo traducciones o convertido en material para ser leído en ordenadores.

Producción: Convierte la información en material definitivo de inteligencia. Analiza, evalúa e interpreta todos los datos recolectados por los agentes de la CIA o por otros medios. Producción realiza un informe final llamado «producto de inteligencia» en el que se recomienda las medidas a adoptar según la información recolectada.

Diseminación: Distribuye el análisis final a las otras agencias de la Comunidad de Inteligencia.

¿A qué se conoce como «Estimación de Inteligencia»?

A las medidas que deben adoptarse y a las acciones que se llevan a cabo para neutralizar a un enemigo o potencial enemigo.

¿A qué se llama una «Infiltración»?

A situar un agente en una zona objetivo, un grupo o una organización. Existen dos tipos de infiltraciones, legales y clandestinas. Legal es cuando el agente es infiltrado bajo cobertura diplomática. Clandestina es cuando el agente no tiene cobertura y debe infiltrarse por sus propios medios en el interior de un objetivo.

¿A qué se denomina «Preparación de Inteligencia para la Batalla»?

IPB o Intelligence Preparation of the Battlefield. Término utilizado por el Ejército de Estados Unidos en 1980 y que agrupa a toda aquella información necesaria para entrar en combate. Número de enemigos, divisiones, armamento, clima en la zona de batalla, etcétera.

¿A qué se denomina en la CIA como Inteligencia Interdepartamental?

A toda aquella información de inteligencia que ha sido recogida por agentes de varias agencias de espionaje.

ORÍGENES

¿Dónde es posible ver aparatos e inventos utilizados por la CIA y otras agencias de espionaje?

En el Internacional Spy Museum, localizado en Washington D. C. e inaugurado el 17 de julio de 2002.

¿A qué se llama el «Kremlin» en la CIA?

Al cuartel general de la CIA en Langley, Virginia. Así lo conoce el personal de la propia agencia.

¿Qué se conoce como Langley?

Es el término utilizado por los empleados de la CIA para indicar que trabajan en el cuartel general de la agencia, en Langley, Virginia.

¿Qué se conoce en la CIA como Leyenda?

A la falsa identidad creada para un agente que va a ser plantado en una zona u objetivo.

¿Qué otro nombre recibe la Oficina de Asuntos Técnicos (OTA) de la CIA?

El Reino Mágico, el departamento de la CIA en donde diseñan y fabrican los aparatos que utilizaran los agentes en sus operaciones.

¿A qué se conoce como «Topo»?

A un agente de una agencia de espionaje (por ejemplo, la CIA) y que se ha convertido en espía de una organización de espionaje enemiga (por ejemplo, el KGB) y que opera desde dentro de su propia organización (la CIA), robando documentos y pasándolos a la agencia enemiga.

¿A qué se le dice un Control de Agencia Nacional?

A la apertura de una investigación por parte de una agencia federal de inteligencia sobre algún caso de espionaje dentro del territorio de Estados Unidos.

¿A qué se llama Programa Nacional de Seguridad Industrial?

Al programa establecido por el Departamento de Defensa para controlar la seguridad de los contratos concedidos a empresas privadas que trabajan para el gobierno. El programa se ocupa también de mantener la seguridad de todo el material clasificado que manejan estas empresas. El programa fue establecido bajo Orden Ejecutiva el 6 de enero de 1993. El programa estableció un Manual Operativo en 1995 llamado *Manual de Seguridad Industrial para Salvaguardar Información Clasificada*. El Servicio de Seguridad de Defensa se ocupa de controlar el programa.

¿A qué se denomina Consejo de Inteligencia Nacional (NIC)?

Al centro de la Comunidad de Inteligencia para tomar decisiones a medio y largo plazo en cuestión de operaciones. El Consejo está formado por un presidente, un vicepresidente de evaluaciones y un vicepresidente de estimaciones y planificaciones. Los planes son presentados por NIO u Oficiales de Inteligencia Nacional. Los NIO son especialistas en análisis, en ciertas áreas geográficas como Oriente Medio, en inteligencia terrorista, en proliferación nuclear o en armas de destrucción masiva.

¿A qué se define como Estimación de Inteligencia Nacional (NIE)?

A las evaluaciones llevadas a cabo en materia de Seguridad Nacional con respecto a un país en concreto. Los NIE son presentados al DCI y este al Consejo de Seguridad Nacional. En 1950 se estableció la Oficina de Estimaciones Nacionales (ONE) dentro de la CIA. Entre sus miembros se encontraban agentes de inteligencia, expertos geógrafos, profesores universitarios, etcétera. El Cuerpo de Estimaciones Nacionales (BNE) actuaba como consejero.

¿Quién dirigía el BNE y la ONE?

Sherman Kent, un antiguo profesor de Historia de la Universidad de Yale. Fue jefe del BNE y la ONE entre 1952 y 1967. Kent estableció el nivel de estimaciones, que aún hoy está en vigor:

- 100 % - Absolutamente cierto.
- 93 % - Ciertamente seguro.
- 75 % - Probable.
- 50 % - Posibles cambios.
- 30 % - No es probable.
- 7 % - Ciertamente poco probable.
- 0 % - Imposible.

¿Cuándo fue abolida la ONE?

En 1973 por orden del DCI, William Colby.

¿Qué predijo la ONE bajo Sherman Kent?

El fin de la polaridad Estados Unidos-Unión Soviética por el fin del sistema comunista. Henry Kissinger, consejero de Seguridad Nacional del presidente Nixon, respondió que «Sherman Kent parecía que utilizaba más los libros talmúdicos que informes y documentos políticos reales». En 1991 la URSS desapareció tal y como había vaticinado Sherman Kent tres décadas antes.

¿A qué se llama Archivo de Seguridad Nacional?

A la organización no gubernamental y que se ocupa de clasificar para su estudio todos los documentos «desclasificados» en materia de inteligencia de las agencias de espionaje de Estados Unidos bajo el Acta de Libertad de Información (FOIA). El archivo está situado en la Gelman Library de la Universidad George Washington en Washington D. C. El archivo no recibe fondos del Gobierno. El archivo fue fundado en 1985 por varios periodistas y estudiosos que habían obtenido varios documentos durante sus investigaciones bajo la llamada Acta de Libertad de Información. En enero de 2004 se calcula que el Archivo de Seguridad Nacional maneja cerca de dos millones de páginas de documentos desclasificados.

¿Qué documentos pueden consultarse en el Archivo de Seguridad Nacional?

Los documentos y cartas enviadas por Kennedy a Kruchov y viceversa, durante la Crisis de los Misiles de Cuba o los diarios escritos por el teniente coronel Oliver North durante la operación Irán-Contra.

¿A qué se denomina Información de Seguridad Nacional?

A la información clasificada como de «estratosférica», de «alto secreto», «secreto», o «confidencial» por parte de una agencia de Estados Unidos y cuya apertura está prohibida sin autorización especial. Todo el contenido de este tipo de documentos es catalogado de «información clasificada».

¿Qué es el Parque de Vigilancia Nacional?

Es el parque que se levantó en memoria de los 152 criptólogos de la NSA que perdieron su vida en operaciones durante la Segunda Guerra Mundial y la Guerra Fría. El parque está situado en Fort Meade, sede de la NSA, en Maryland. El parque se ubica junto al Museo Criptográfico Nacional, y en el centro del parque se encuentra un trozo de fuselaje de un Hércules C-130 derribado en la Armenia soviética el 2 de septiembre de 1958. En el avión perecieron 17 estadounidenses. El camino hasta el parque está escoltado por diecinueve árboles que representan a los diecinueve tipos de aviones de reconocimiento derribados durante la Guerra Fría.

¿A qué se dice un agente NOC?

Non-Official Cover. Oficiales y agentes de la CIA que operan en zonas no seguras o enemigas sin cobertura de ningún tipo. La mayor parte de los agentes de la CIA operan bajo cobertura diplomática de las propias embajadas o consulados de Estados Unidos, pero los agentes NOC realizan sus misiones sin ningún tipo de apoyo, lo que hace su trabajo más peligroso. Si un agente NOC es detenido, puede ser juzgado y condenado por espionaje, mientras que, si tiene cobertura diplomática, lo más normal es que sea expulsado del país.

¿A qué se llamó el Tratado de Cielos Abiertos?

Al tratado firmado en 1992 por Estados Unidos, Rusia, Gran Bretaña y Francia, al que después se unieron varios países miembros del antiguo Pacto de Varsovia en el que se establecía la apertura de los cielos a los vuelos de reconocimiento fotográfico. El tratado fue firmado por 42 países y entró en vigor el 1 de enero de 2002.

¿Quién fue la primera personalidad que propuso el tratado Cielos Abiertos?

La idea fue propuesta por el presidente Eisenhower al líder soviético Nikita Kruchov, en julio de 1955, pero la idea original era de un joven estudiante de Harvard llamado Henry Kissinger. Años más tarde, el estudiante sería nombrado Consejero de Seguridad Nacional y Secretario de Estado.

¿A qué se dice en la CIA a una misión de «sobrevuelo»?

A las misiones de sobrevuelo realizadas por los aviones espías sobre un país enemigo. El término «sobrevuelo» fue utilizado por vez primera durante la Guerra Fría por los primeros aviones estadounidenses y británicos sobre la Unión Soviética.

¿A qué se llama un «pianista» en el mundo de la CIA?

A los operadores de radio. «Piano» es la palabra utilizada para definir una radio.

¿Quién fue el primer comité encargado de investigar los abusos de la CIA y la NSA?

El Comité Pike, en 1975. Bautizado con ese nombre en honor del congresista demócrata por Nueva York Ottis Pike. Las audiencias comenzaron en agosto de 1975, interrogando a oficiales de la NSA sobre sus operaciones en los Estados Unidos.

¿Qué documento exigió el congresista Pike y que no pudo leer?

La llamada «carta» de la NSA. Redactada por el Consejo de Seguridad Nacional en 1952 cuando la NSA fue creada en secreto, nadie conocía el texto de la «carta». En ella supuestamente se establecían las restricciones y los poderes de la NSA para operaciones dentro de Estados Unidos. El Pentágono, quien representó a la NSA en las audiencias del Congreso, aseguró no conocer el contenido de la «carta». Pike dijo entonces: «Nosotros (el Congreso) damos millones de dólares para mantener una agencia federal multimillonaria y que da empleo a miles de ciudadanos estadounidenses y nadie puede darnos una sencilla copia de un papel». Colby, DCI, admitió ante el Comité que la NSA había estado interviniendo conversaciones de ciudadanos de los Estados Unidos.

¿A qué se llama una «negación plausible» en el mundo de la inteligencia estadounidense?

Cuando el Gobierno no niega una operación encubierta tras ser esta descubierta, pero la información que da es transformada o manipulada para que no parezca lo que es en realidad. Por ejemplo, cuando el U2 de Gary Powers fue derribado sobre la Unión Soviética, el presidente Eisenhower no negó el vuelo, aunque dijo que no iba armado y que estaba realizando pruebas meteorológicas.

¿A qué se llamó los «fontaneros»?

A la Unidad Especial de Investigaciones creada en 1971 por el Comité para la Reelección del presidente Nixon. Su función era encontrar el mayor número de trapos sucios de los miembros del Partido Demócrata. Los fontaneros reportaban directamente a John Ehrlichman, jefe de gabinete de Nixon. La unidad de «fontaneros» de la Casa Blanca estaba formada por el ex agente de la CIA y escritor Howard Hunt; Gordon Liddy; David Young, asistente al Consejero de Seguridad Nacional Henry Kissinger, y el asistente del Presidente, Egil Krogh, que más tarde sería nombrado subsecretario de Transportes.

¿Qué dos famosas operaciones llevaron a cabo los «fontaneros» de la Casa Blanca?

Dos asaltos en 1971 a la vivienda de Daniel Ellsberg, el funcionario que reveló los Papeles del Pentágono y la entrada ilegal en 1972 en las oficinas del Comité Electoral Demócrata en el edificio Watergate de Washington y que dio pie al escándalo *Watergate* y a la dimisión del presidente Nixon.

¿A qué se llamó «Jodiendo a la Rata»?

Término usado para describir la infiltración de los «fontaneros» de la Casa Blanca de Nixon en las actividades del Partido Demócrata en 1972 durante la campaña por la reelección.

¿A qué se llama el Informe Diario Presidencial?

El PDB, o *President's Daily Brief*, es el informe preparado por la CIA diariamente para que solo sea leído por el presidente de Estados Unidos. El PDB es esencialmente una serie de informaciones recopiladas por los miembros de la comunidad de inteligencia durante el día anterior. El PDB tiene la categoría de «clasificado» desde 1990. Un ejemplar del formulario en el que se escribe el PDB, también secreto, puede verse en la Ronald Reagan Presidencial Library and Museum en Simi Valley, California.

¿Qué es el Cuerpo Asesor de Inteligencia Extranjera del Presidente?

El PFIAB, que es como se conoce por sus siglas en inglés, es un panel consultivo en materia de inteligencia en el extranjero para el presidente de Estados Unidos. El PFIAB fue establecido por el presidente Eisenhower el 6 de febrero de 1956. A partir de 1961, el PFIAB tuvo una mayor importancia durante la administración Kennedy. James William fue su máximo responsable entre 1956 y 1963 y se reunían en la Casa Blanca una vez por semana. De 127 recomendaciones formales hechas por el PFIAB, 125 fueron aceptadas y solo dos rechazadas. El presidente Jimmy Carter abolió el PFIAB en mayo de 1977, porque creía que las operaciones encubiertas que el Cuerpo Asesor de Inteligencia Extranjera del Presidente solía recomendar era más una tarea del Consejo de Seguridad Nacional. El 20 de octubre de 1981 el presidente Ronald Reagan resucitó el PFIAB, nombrando para ello a diecinueve ciudadanos que no pertenecían a la Administración.

¿Quiénes formaban parte del PFIAB?

William Casey, DCI; Edward Teller, premio Nobel; Clark Clifford, futuro secretario de Defensa; el general Maxwell Taylor, antiguo jefe de la Junta de Jefes de Estado Mayor; Edwin Land, experto en cámaras para satélites; John Connally, antiguo gobernador de Texas y secretario de la Marina; Nelson Rockefeller o Rose Perot, futuro candidato a la presidencia de los Estados Unidos.

¿Quiénes fueron los presidentes del PFIAB?

1956-1963: Doctor James R. Killian.
1963-1968: Clark H. Clifford.
1968-1970: General Maxwell D. Taylor.
1970-1976: Almirante George Anderson.
1976-1977: Leo Cheme.
1982-1990: Embajadora Anne L. Amstrong.

1990-1991: Senador John G. Toser.
1991-1993: Almirante Bobby Ray Inman.
1993-1994: Almirante William J. Crowe.
1995: Congresista Les Aspin.
1996: Senador Warren B. Rudman.
1997: Congresista Thomas S. Foley.
2001: Senador Warren B. Rudman.
2001: Teniente General Brent Scowcroft.

¿A qué se llama en la CIA una Compañía Propietaria?

Una compañía comercial que es utilizada por la CIA para realizar operaciones encubiertas y que es controlada por la propia Agencia. Un ejemplo de este tipo de compañía era Air America.

¿A qué se conoce en el mundo de la inteligencia estadounidense como Puzzle Palace?

Al edificio del Pentágono. El escritor James Bamford usó este término para definir a la Agencia de Seguridad Nacional (NSA) en su libro *The Puzzle Palace* (1982). El debate quedó abierto.

¿Qué se conoce en la CIA como Piramidal?

Satélite de comunicaciones secretas de Estados Unidos que comenzó a operar en 1973. Los detalles de este satélite fueron vendidos a los soviéticos por los espías estadounidenses Christopher Boyce y Andrew Lee. Los agentes de la CIA que operan en territorio hostil utilizan una de las dos formas seguras de comunicarse con el cuartel general en Langley, Virginia, y estas son a través del satélite *Piramidal*, el satélite que sobrevuela la Tierra, que gravita en tres órbitas y que permite a los agentes conectarse desde cualquier punto del planeta con la CIA. Se calcula que a través del *Piramidal* pasan 3.500 comunicaciones al día. La segunda línea es utilizada por las embajadas estadounidenses y por las estaciones de la CIA, repartidas por todo el mundo, para sus comunicaciones con el cuartel general de la agencia en Langley, Virginia. En enero de 1977 Lee y Boyce llevaban los planos y códigos de acceso del *Piramidal* para entregárselos a su contacto del KGB en México. Agentes del FBI y la CIA consiguieron detenerlos antes de que pudiesen entregar los valiosos documentos.

¿Qué se conoce como Clasificación Q en el mundo del espionaje estadounidense?

Al nivel de seguridad dado por el Departamento de Energía de Estados Unidos a todos sus empleados, personal, otras agencias del Gobierno y contratistas que trabajan para el Departamento en relación con instalaciones o material nuclear. La Clasificación Q es necesaria para todos aquellos que tienen acceso a armas nucleares. La Clasificación Q es necesaria para poder acceder a información secreta o de alto secreto relativo a la energía nuclear.

¿Qué se conoce como RD en el mundo del espionaje estadounidense?

Clasificación dada a documentos con datos restringidos.

¿Qué es un Agente Redoble?

Un agente doble que, al ser descubierto, es utilizado para desinformar al servicio de espionaje enemigo al que pasa información.

¿A qué se conoce como Roger?

Al circuito de alta seguridad usado por el Departamento de Estado exclusivamente para sus comunicaciones con la CIA.

¿A qué se llamó La Habitación?

A la sociedad secreta fundada por el millonario Vincent Astor en 1927 y formada por un grupo de ciudadanos de Nueva York con experiencia en el mundo de la inteligencia. Entre sus miembros se encontraban el banquero Winthrop Aldrich, William Donovan o Allen Dulles. En 1939, cuando estalló la Segunda Guerra Mundial, la sociedad cambió su nombre por el de El Club y se convirtió en una especie de consejo asesor del presidente Roosevelt.

ORÍGENES

¿A qué se dice en la CIA «esterilizar» un documento?

Cuando un documento específico es revisado para prevenir que otras fuentes de inteligencia puedan conocer la fuente de la información que aparece en el documento. Cuando un documento es «desclasificado», la agencia que custodia el informe en cuestión se ocupará de tachar el nombre de todos los agentes de inteligencia que aparecen en el documento.

¿A qué se conoció en la CIA como «Segunda Historia»?

A los esfuerzos de las Fuerzas Aéreas de Estados Unidos durante 1958 para obtener fondos adicionales de la CIA para desarrollar satélites de reconocimiento. La CIA tomó entonces el control del proyecto cuyo nombre era el de Corona.

¿A qué se conoce en la CIA como Sexpionaje?

A la utilización del sexo como forma de obtener información de inteligencia.

¿A qué se conoce como un «durmiente» en la CIA?

A un agente que es plantado en un supuesto país enemigo u objetivo y que permanece inactivo durante meses o años, hasta que le es asignada una misión y para ello es activado. Uno de los casos más famosos de «durmientes» sucedió en Canadá, cuando el CSIS (Servicio de Seguridad e Inteligencia de Canadá) descubrió a toda una familia compuesta por el matrimonio y tres hijos que habían sido enviados desde la Unión Soviética en plena Guerra Fría. Al final de esta, Moscú les ordenó regresar a Rusia. El problema es que habían pasado treinta años en Canadá y sus hijos eran ya canadienses y estaban integrados perfectamente en la sociedad. Por fin, en 1996, los «durmientes» fueron deportados. Cuando Yelena Olshevskaya y Dimitri Olshevsky regresaron a Rusia, se presentaron en la embajada de Canadá para exigir la nacionalidad canadiense. El problema fue que cuando el registro de Canadá pidió los certificados de ambos, el Servicio de Inmigración descubrió que estos pertenecían a dos canadienses que habían muerto medio siglo antes y, por tanto, su petición de ciudadanía fue rechazado.

¿A qué se conoce en la CIA como un «Especialista»?

A un operativo experto entrenado para realizar operaciones de vigilancia. Los especialistas no tienen por qué ser agentes de la ley y, por tanto, no tienen poder para detener a un sospechoso. Muchos de estos especialistas trabajan en empresas privadas, por ejemplo, de vídeo, y son contratados por el FBI o la CIA para realizar vigilancias intensivas.

¿A qué se conoció como Grupo Especial?

Al comité de la Casa Blanca creado durante la campaña para acabar con el líder cubano Fidel Castro. Asimismo, era conocido como el SGA. En noviembre de 1961 el presidente Kennedy aprobó la operación Mangosta y creó un Grupo Especial para controlar todo lo relativo a esta operación. El Grupo Especial estaba formado por las siguientes personas: el secretario de Defensa, Robert McNamara; el fiscal general, Robert Kennedy; el secretario de Estado, Dean Rusk; el consejero militar del presidente, el general Maxwell Taylor; el DCI, John McCone; el consejero de Seguridad Nacional, McGeorge Bundy; el vicesecretario de Estado, Alexis Johnson; el vicesecretario de Defensa, Roswell Gilpatric, y el jefe de la Junta de Jefes del Estado Mayor, el general Lyman Lemnitzer. El SGA se reunió en 42 ocasiones.

¿A qué se llama en la CIA un «Espónsor»?

Es como se conoce a una organización o agencia de inteligencia que financia, controla y asume una operación de inteligencia.

¿A qué se conoce como la «Federal 18»?

Título 18 del Código Federal, que incluye leyes concernientes a casos de espionaje contra Estados Unidos.

¿A qué se conoce en la CIA como un «barrendero»?

A un técnico especialista en la colocación de escuchas.

¿Quién era el informante T-10 del FBI?

El actor y después presidente de Estados Unidos Ronald Reagan. Durante los años cuarenta del pasado siglo Reagan informaba al FBI sobre los miembros del mundo cinematográfico que simpatizasen con los alemanes o que tuvieran ideas claramente antisemitas. Años después, Reagan se apuntó, por recomendación del FBI, en el «Comité de Ciudadanos Independientes de Hollywood de las Artes, las Ciencias y Profesionales» y que, según el propio FBI, había sido infiltrado por agentes comunistas.

¿A qué se conoce en la CIA como Inteligencia Táctica?

A la planificación de operaciones de inteligencia encubiertas. En esas planificaciones se estudia el medio ambiente, el clima, las capacidades del enemigo, hasta el estado de ánimo de sus tropas. La Marina define a esto como «Inteligencia Operacional». Una vez analizados todos los datos se toma una decisión de contraofensiva o ataque.

¿A qué se conoce en la CIA como un «Cazatalentos»?

A las personas que alertan a los reclutadotes de la CIA sobre un potencial oficial de inteligencia y que puede convertirse en doble agente. Los cazatalentos no tienen que trabajar para la CIA obligatoriamente, incluso pueden ser funcionarios de otros departamentos o agencias federales.

¿Qué se escondía bajo el nombre «Tempestad»?

Nombre código dado al estudio y las investigaciones de comunicaciones acústicas y eléctricas. Este sistema permitía conocer si el agente que enviaba el mensaje no era el mismo, debido al cambio de pulsaciones.

¿A qué se dice en la CIA «Finalizado»?

Expresión utilizada para explicar el cese o despido de un agente u oficial de inteligencia por la propia CIA. «Finalizado» es la palabra que es escrita en el *dossier* personal de un agente u oficial en activo cuando es despedido o cesado. A estos agentes se los conoce también como «Repudiados».

¿A qué se dice en la CIA «Prejuicio Extremo»?

La expresión que se aplica cuando un agente u oficial de inteligencia es asesinado por unos efectivos de una agencia enemiga. «Prejuicio Extremo» son las palabras que se escriben en el *dossier* personal de un agente u oficial en activo cuando este es asesinado o ejecutado. Esta expresión no se aplica a la ejecución o al asesinato de personas que no pertenezcan a la comunidad de inteligencia, aunque estas hayan muerto en una operación de espionaje.

¿A qué se conoce como «Inteligencia Terrorista»?

A la información recopilada sobre organizaciones o individuos relacionados con el terrorismo. Esta expresión comenzó a ser utilizada tras los ataques al World Trade Center y al Pentágono el 11 de septiembre de 2001. Estos atentados provocaron que las agencias de inteligencia de Estados Unidos adoptaran medidas de contraterrorismo. La primera medida de Inteligencia Terrorista fue la de establecer acuerdos de cooperación para el intercambio de información con países como Gran Bretaña, Israel, Rusia y Filipinas.

¿Qué fallo tuvo la CIA con relación al 11-S?

La CIA detectó una reunión de líderes de *Al-Qaeda* en Malasia en 1999. Después de controlar la reunión, así como a sus asistentes, supo que dos de ellos habían entrado en Estados Unidos, pero como la CIA no está autorizada a realizar operaciones de espionaje dentro de territorio estadounidense, hasta agosto de 2001 no se preocupó de poner los nombres y las fotografías de ambos terroristas en las listas de «Los Más Buscados». Los dos hombres formaron parte de una de las células que secuestraron uno de los aviones que se estrellarían contra las Torres Gemelas.

¿Qué pidió el Congreso tras el fallo de la CIA?

El Congreso exigió que la nueva agencia creada tras el 11-S, el Departamento de Seguridad de la Patria, tuviese potestad sobre investigaciones de contraterrorismo, hasta ahora unos poderes que solo tenían el FBI y la propia CIA. A pesar de las protestas del FBI y la CIA, el Departamento de Seguridad de la Patria inauguró el llamado Centro de Integración de Tratamiento del Terrorismo. Este nuevo Centro estaría coordinado con la División Contraterrorista del FBI, el Centro Contraterrorista de la CIA y con el Departamento de Defensa.

¿A qué se dice un documento de «Alto Secreto»?

A todo aquel documento que pueda poner en peligro la Seguridad Nacional de los Estados Unidos. Su revelación podría suponer una entrada en guerra o una ruptura de relaciones diplomáticas. El «Alto Secreto» es la más alta clasificación para un documento.

¿A qué se conoce en la CIA como un «turista»?

Un «turista» es un agente encubierto sin cobertura en un país potencialmente enemigo.

¿Qué es para la CIA «retornar» a un agente?

Transformar a un agente que ha traicionado a la CIA en agente doble por la propia CIA.

¿A qué se conoció como acuerdo UKUSA?

The United Kingdom-United States of America Security Agreement. El acuerdo UKUSA, firmado el 6 de marzo de

1946 y aún en vigor, establecía la máxima y plena cooperación entre las agencias de inteligencia de Gran Bretaña y Estados Unidos. Posteriormente se unirían al acuerdo Australia, Nueva Zelanda y Canadá. Por ejemplo, Gran Bretaña permitía a Estados Unidos el uso de sus estaciones de escucha en Hong Kong, y Estados Unidos permitía a Gran Bretaña la utilización de sus estaciones de escucha en Corea del Sur, Japón y Taiwan. En algunos momentos el UKUSA estuvo a punto de clausurarse, como, por ejemplo, cuando los británicos ocuparon el canal de Suez en 1956.

¿Qué agencias forman parte de UKUSA?

El Cuartel General de Comunicaciones del Gobierno (GCHQ) de Gran Bretaña, el Establecimiento de Seguridad de Comunicaciones (CSE) de Canadá, el Directorio de Señales de Defensa (DSD) de Australia, la Oficina de Seguridad de Comunicaciones del Gobierno (GCSB) de Nueva Zelanda, y la Agencia de Seguridad Nacional (NSA) de Estados Unidos. El último gran descubrimiento sobre el UKUSA fue la llamada red ECHELON, una sofisticada red de satélites espías de los países miembros de UKUSA y que conseguían interferir la mayor parte de las comunicaciones civiles y militares de todo el planeta.

¿Qué poderes tiene el vicesecretario de Defensa para Inteligencia?

Establecido en marzo de 2003, sus poderes son los de coordinar y controlar todas las actividades de las agencias de espionaje e inteligencia militar, incluyendo la Agencia de Inteligencia de Defensa (DIA), la Oficina Nacional de Reconocimiento, la Agencia Nacional de Mapas e Imágenes y la Agencia de Seguridad Nacional (NSA). El vicesecretario de Defensa para Inteligencia es también responsable de la coordinación de las relaciones de las agencias de espionaje e inteligencia militar con la CIA y las otras agencias de seguridad y espionaje no militares. El primer vicesecretario de Defensa para Inteligencia (USDI) es el doctor Stephen A. Cambone.

¿Cuál fue realmente la primera organización de espionaje en Estados Unidos de América?

El Comité de Correspondencia Secreta, establecida por el Congreso Continental, el 29 de noviembre de 1775.

¿A qué se denomina Acta Patriótica de Estados Unidos?

A la Ley de Seguridad Nacional aprobada durante los acontecimientos del 11 de septiembre de 2001. El nombre completo del Acta es *Unidad y Fortalecimiento de América para Proporcionar Medidas Apropiadas para Interceptar y Obstruir al Terrorismo*. El Acta daba rienda suelta a las agencias de inteligencia para poder espiar dentro del territorio de Estados Unidos. Las 342 páginas del Acta fue firmada por el presidente George W. Bush el 26 de octubre de 2001, incluyendo las quince enmiendas federales que permitían las interceptaciones de comunicaciones en casos de comunicaciones en Internet, lavado de dinero, inmigración y formas de proveer ayuda a las víctimas del terrorismo. La nueva ley extendía los poderes de la llamada Corte Federal de Vigilancia de Inteligencia (FISC, sus siglas en inglés), para que esta autorizase vigilancias clandestinas en casos de terrorismo.

¿Por qué sector fue muy criticada el Acta Patriótica de los Estados Unidos?

Por los libreros, quienes interpretaban que los nuevos poderes del Acta Patriótica violaban las leyes básicas de privacidad debido a que el Departamento de Justicia y el FBI podían controlar a los usuarios de librerías, así como el tipo de libros que adquirían. El Acta fue establecida para que finalizase en el año 2005, en caso de no ser renovada por el Congreso.

¿A qué se conoce en la CIA como caminadores o caminantes?

A cualquier persona no miembro de la comunidad de inteligencia y que se ofrecen como espías. También a aquellos informantes voluntarios que no reciben ninguna gratificación por ello.

¿A qué se conoce en la CIA como Lista de Presas?

A la lista de nombres de individuos considerados de interés para la CIA.

¿Por qué el escándalo Watergate supuso un duro golpe para la CIA a pesar de no haber intervenido directamente?

El 17 de junio de 1972 un equipo de «fontaneros» de la Casa Blanca de Nixon penetró en el complejo Watergate de Washington con el fin de colocar escuchas ilegales en la sede del Comité Nacional Demócrata. Los cinco *fontaneros* detenidos eran James McCord, coordinador de seguridad para la reelección de Nixon, antiguo agente del FBI y antiguo oficial de seguridad de la CIA; Bernard Barker, antiguo miembro de la CIA envuelto en el fiasco de Bahía Cochinos; Frank Sturgis, mercenario con importantes conexiones con la CIA; Eugenio Martínez, informante de la CIA, y Virgilio González. La policía investigó la implicación de otros dos hombres que estaban en los alrededores del Watergate y que resultaron ser Howard Hunt y Gordon Liddy. Hunt era un antiguo oficial de la CIA y había trabajado con Barker en operaciones. Cuando el escándalo estalló, la CIA se vio involucrada por todos sus antiguos empleados que habían participado en el asalto a la sede del Comité Nacional Demócrata.

¿A qué se llama en la CIA, Espejos de Confusión?

Expresión que significa confusión en el mundo de la inteligencia y espionaje.

-- Capítulo 2 --
DIRECTORES

¿Con qué letras se conoce al director de la CIA?

DCI. Director de la Central de Inteligencia.

¿Quiénes fueron los tres directores del CIG entre la abolición de la OSS y la creación de la CIA?

El almirante Sydney W. Souers, el teniente general Hoyt S. Vandenberg y el almirante Roscoe H. Hillenkoetter.

¿Quién fue realmente el primer director de la CIA o DCI?

El almirante Roscoe H. Hillenkoetter. A pesar de haber sido nombrado director del CIG, cuando se creó la CIA en 1947 se mantuvo en el cargo hasta octubre de 1950, en que fue sustituido por el teniente general Walter Bedell Smith.

¿Qué provocó el cese del almirante Roscoe H. Hillenkoetter como director de la CIA en 1950?

En primer lugar, el hecho de que la CIA no detectara a tiempo el movimiento de tropas norcoreanas antes de su entrada en Corea del Sur el 25 de junio de 1950, y en segundo lugar, asegurar al presidente Truman, en un extenso informe, que China jamás intervendría en el conflicto.

¿Qué deseaba el segundo director de la CIA?

El teniente general Walter Bedell Smith deseaba que el DCI agrupase todas las operaciones de inteligencia de Estados Unidos.

¿Qué provocó el cese del teniente general Walter Bedell Smith?

La llegada en enero de 1953 del antiguo jefe de Smith durante la Segunda Guerra Mundial, Dwight D. Eisenhower a la Casa Blanca.

¿Quién fue el primer civil en ser nombrado director de la CIA?

Allen W. Dulles, que ocupó el cargo desde febrero de 1953 a noviembre de 1961.

¿Cuál era el apodo de Dulles entre los agentes de la CIA?

«El Gran Blanco».

¿Qué poderes reales tenía Dulles como director de la CIA?

Absolutamente ilimitados. Sin interferencias del presidente Eisenhower, Dulles podía reclutar al jefe de los espías nazis, Reinhard Gehlen, para que ayudase a la CIA a desarrollar operaciones encubiertas en Europa del Este; podía crear organizaciones encubiertas como Radio Europa Libre, e incluso ordenar asesinatos.

¿Qué opinaba Dulles de la utilización del sexo en operaciones de espionaje?

Tras escuchar cómo se podía reclutar a la fuerza a un oficial soviético metiéndole en la cama a una bailarina, Dulles dijo que el sexo jamás sería utilizado en una operación mientras él fuese DCI.

¿Qué puesto creó Dulles para formar su particular Estado Mayor?

El puesto de Inspector General (IG) y que funcionaba como una especie de coordinador de todos los altos mandos de la CIA. Este, a su vez, tenía varios directores asociados expertos en asuntos militares y control de armas. El IG era nombrado por el presidente y confirmado por el Senado. El IG solo reportaba al DCI.

¿Cómo está organizada actualmente la CIA?

La agencia está organizada en directorios bajo mando de un director adjunto de la CIA. El director adjunto para Inteligencia, Deputy Director for Intelligence (DDI), se ocupa de dirigir, evaluar, analizar y producir material de inteligencia que después será utilizada en operaciones. El director adjunto para Operaciones, Deputy Director for Operations (DDO), es responsable de la recolección de información en el extranjero o bien a través de agentes (HUMINT) o bien a través de señales (SIGNINT). El director adjunto para la Administración, Deputy Director for Administration (DDA). Sus funciones son las de apoyar las actividades de la CIA y la comunidad de inteligencia bajo la jurisdicción del DCI. Su tarea incluye apoyo financiero, médico, logístico, comunicaciones, recursos humanos, entrenamiento y seguridad. El director adjunto para Ciencia y Tecnología, Deputy Director for Science and Technology (DDS&T), se ocupa de suministrar sistemas y tecnología para operaciones. Dentro de sus responsabilidades está el control del Centro Nacional de Interpretación Fotográfica (FBIS). El DDS&T se estableció en 1960.

¿Qué operación desastrosa para la CIA provocó la dimisión de Allen Dulles como DCI?

El desastre de Bahía Cochinos en abril de 1961. La dimisión fue aceptada por el presidente John F. Kennedy. El presidente nombró como nuevo DCI a John A. McCone, antiguo presidente de la Comisión de Energía Atómica.

¿Cuántos asesores tiene el DDO?

Dos. Un director adjunto asociado para asuntos militares y un director adjunto asociado para coordinar todo el material de inteligencia recolectado por otras agencias de espionaje de Estados Unidos.

¿Cuál fue la primera medida adoptada por el nuevo DCI, el almirante Stansfield Turner, nombrado por el presidente Carter?

Debido a la mala imagen que había dado a la CIA las revelaciones del Comité Church, Turner decidió despedir a casi 600 agentes, hombres y mujeres, destinados en operaciones encubiertas. Esta medida provocó la mayor desmoralización dentro de los operativos en toda la historia de la agencia.

¿Qué provocó la dimisión del DCI, James Woolsey?

James Woolsey, primer DCI del presidente Clinton (1993-2001), se vio obligado a dimitir tras hacerse públicos casos como el del traidor Aldrich H. Ames, innumerables casos de acosos sexuales sobre agentes femeninos, o tras hacerse público el hecho de que dentro de la CIA a varias agentes se les habían negado ascensos merecidos por el único hecho de ser mujeres.

¿Qué escándalo apareció tras la dimisión de Woolsey?

El presidente Clinton intentó nombrar al almirante Bobby Ray Inman como DCI sustituto de James Woolsey. El problema fue que se descubrió que Inman había estado pasando información a varios periódicos sobre asuntos políticos de Washington. Inman retiró su candidatura al cargo.

¿Quién fue el nuevo candidato del presidente Clinton para sustituir a Woolsey como DCI?

John M. Deutch, antiguo y muy respetado secretario adjunto de Defensa.

¿Cuáles serían los nuevos objetivos de la CIA en la era Deutch?

Una vez finalizada la Guerra Fría, los nuevos objetivos de la CIA serían la localización de armas de destrucción masiva, el tráfico de drogas, el crimen organizado internacional y el espionaje industrial. Asimismo, John M. Deutch puso fin a las operaciones encubiertas y a las relaciones de la CIA con casi un centenar de agentes implicados en asesinatos, torturas y terrorismo. Casi sesenta de ellos operaban en América Latina.

¿Qué provocó la caída de John M. Deutch como DCI en diciembre de 1996?

La detención del oficial de la CIA Harold J. Nicholson, acusado de espiar para los servicios de inteligencia rusos.

¿Qué candidato de Clinton para sustituir a Deutch resultó ser como el almirante Bobby Ray Inman?

Anthony Lake, consejero de Seguridad Nacional del presidente. El problema fue que Lake no pasó la confirmación debido a que varios senadores pusieron en duda la capacidad del ex consejero de Clinton para dirigir una institución como la CIA. Finalmente, Lake retiró su candidatura.

¿Quién sustituyó a John M. Deutch como DCI?

George J. Tenet, director adjunto de la CIA. El Senado concedió la ratificación en julio de 1997, debido a que en esta ocasión no podían alegar que Tenet no estaba preparado para dirigir la CIA.

¿Qué área dentro de la agencia apoyó George Bush, futuro presidente de Estados Unidos, como director de la CIA?

Como DCI, se ocupó de desarrollar el uso de inteligencia electrónica y satélites. Su interés por los sistemas de espionaje de alta tecnología provocó el desplazamiento de otras fuentes de recolección de inteligencia como los propios agentes de campo.

¿Qué famoso político centroamericano fue reclutado por la CIA durante los años Bush?

El dictador panameño Manuel Antonio Noriega. La CIA lo llamaba el «Sargento Cantarín» por el gran número de informaciones que este entregaba a la CIA.

¿Qué tres jefes de Estado y antiguos jefes de agencias de espionaje gobernaron al mismo tiempo?

George Bush, presidente de Estados Unidos y antiguo director de la CIA; Yuri Andropov, presidente de la Unión Soviética y antiguo presidente del KGB, y Chaim Herzog, presidente de Israel y antiguo jefe del Aman, la inteligencia militar israelí.

¿Qué DCI estuvo involucrado en uno de los mayores escándalos políticos de Estados Unidos?

William Casey. El DCI estaba involucrado en la venta de armas a Irán para conseguir la liberación de varios rehenes estadounidenses en Líbano y el envío ilegal de armas a la Contra nicaragüense. Este escándalo sucedido durante la presidencia de Ronald Reagan, se denominó como «Irangate» o asunto «Irán-Contra».

¿Qué famoso militar dio la cara cuando se destapó el «Irangate»?

El teniente coronel de Marines Oliver North. A las órdenes de Casey, North operó bajo la cobertura del Consejo de Seguridad Nacional de la Casa Blanca.

¿Cuáles fueron los principales caballos de batalla de Casey como DCI?

La llamada «Guerra de las Galaxias», la Iniciativa de Defensa Estratégica y la creación de las condiciones necesarias para provocar la caída de la Unión Soviética.

¿Qué famoso libro escribió William Casey?

Las guerras secretas contra Hitler, donde se relataban las operaciones encubiertas realizadas por los aliados contra Hitler y sus ejércitos.

¿Por qué fue nombrado John M. Deutch DCI?

Fue nombrado DCI en mayo de 1995 por haber tenido el honor de descubrir la identidad del topo soviético dentro de la CIA Aldrich H. Ames. Deutch dimitió en diciembre de 1996, cuando el presidente Clinton, durante su segundo mandato, no lo confirmó en el puesto.

¿Qué DCI era nieto y sobrino de dos secretarios de Estado de Estados Unidos?

Allen W. Dulles, director de la CIA entre febrero de 1953 y noviembre de 1961.

¿Cuál fue su primer destino?

En la embajada de Estados Unidos ante el Imperio austrohúngaro en Viena. Tras declarar la guerra Estados Unidos a Alemania en 1917, Dulles fue enviado a la embajada en Berna y Constantinopla. Tras el fin de la Segunda Guerra Mundial, Dulles apoyó al candidato Dewey frente a Truman que se presentaba a la reelección. Tras la derrota de Dewey, Dulles pensó que el presidente se olvidaría de él, pero el nuevo DCI, Walter Bedell Smith, lo nombró para el importante puesto de director de Operaciones de la CIA.

¿Cuándo se incorporó Dulles a la CIA?

En enero de 1951, y en agosto del mismo año fue nombrado subdirector. En febrero de 1953, el presidente Eisenhower lo nombró DCI.

¿Cuál era su nombre en código en la OSS?

Agente 110 o Mr. Bull.

¿Por qué dimitió Dulles como DCI?

Por el fiasco de Bahía Cochinos. En 1963 retornó a la vida pública como miembro de la Comisión Presidencial por el asesinato del presidente Kennedy.

¿Qué futuro DCI fue rechazado por el Comité de Inteligencia del Senado durante la Administración Reagan y aceptado durante la Administración Bush?

Robert Gates, director de la CIA entre noviembre de 1991 y enero de 1993. El presidente Ronald Reagan designó a Gates, de cuarenta y tres años, para sustituir en el cargo a William Casey, lo que lo convertiría en el DCI más joven de la historia de la CIA. Pero debido a las críticas realizadas por varios miembros del Comité de Inteligencia del Senado que debían confirmarlo en el cargo, Robert Gates decidió retirar su nombre de la candidatura. Al parecer, los senadores acusaban a Gates de no haberse enterado de nada de la operación «Irán-Contra» que desembocó en el escándalo «Irangate».

¿Quién fue el primer DCI en entrar en el Kremlin?

Robert Gates. Nombrado DCI por el presidente George H. Bush en noviembre de 1992, Gates fue el primer director de la CIA en entrar en el Kremlin cuando él se reunió con el presidente de Rusia, Boris Yeltsin, y con Yevgeny

Primakov, director del Servicio de Inteligencia Exterior Ruso (SVR).

¿Qué entregó Gates a Primakov como signo de buenas relaciones entre la CIA y el SVR?

Un informe secreto de la CIA, fechado en 1974, sobre un submarino soviético hundido.

¿Qué subdirector de la CIA fue condenado y perdonado por el presidente George H. Bush?

Claire E. George. Subdirector de la CIA para Operaciones durante los años ochenta, fue la figura clave de la operación «Irán-Contra». George se convirtió en el primer alto oficial de la CIA en ser llevado a juicio y condenado por mala utilización de las labores propias de su cargo. El subdirector de la CIA fue acusado de obstrucción, perjurio y falsa declaración ante el Comité de Inteligencia del Congreso el 14 de octubre de 1986. Claire George se negó a responder sobre la implicación del Gobierno de Estados Unidos en el transporte que fue derribado sobre Nicaragua el 5 de octubre de 1986. El avión transportaba armas para la Contra nicaragüense. Su primer juicio comenzó en agosto de 1992, y fue declarado culpable el 9 de diciembre de mentir al Congreso. Cuando la sentencia estaba a punto de ser emitida, el presidente George H. Bush emitió un decreto de perdón presidencial el 24 de diciembre que afectaba al propio Claire E. George y a otros cinco implicados en la operación «Irán-Contra».

DIRECTORES

¿Qué director de la CIA consiguió entrevistar a Adolf Hitler?

Richard Helms. El futuro DCI trabajaba en Alemania como corresponsal para la UPI, cuando el nuevo canciller Adolf Hitler le concedió una entrevista. Con el comienzo de la Segunda Guerra Mundial, Helms se unió a la OSS en agosto de 1943, siendo destinado a Gran Bretaña, Luxemburgo y Alemania. Tras el fin de la guerra, Helms ayudó a crear la llamada Organización Gehlen, el núcleo de lo que sería años después los servicios de inteligencia de la Alemania Occidental. Cuando la CIA fue creada en 1947, Richard Helms fue destinado a la Oficina de Coordinación Política (OPC) dependiente del Departamento de Estado. Cuando la OPC fue absorbida por la CIA, Helms fue nombrado jefe de operaciones bajo las órdenes del Director del Directorio de Planificación (DDP) de la CIA.

¿Cuándo fue nombrado Richard Helms como DDP?

Tras la retirada de Frank Wisner como DDP por problemas mentales, Helms pensaba que iba a sustituirlo, pero el DCI Allen Dulles decidió nombrar para ese puesto a Richard Bissell. Tras el fiasco de Bahía Cochinos y la posterior dimisión de Dulles y Bissell, Richard Helms fue nombrado DDP por el nuevo DCI, John McCone.

¿Qué presidente nombró a Richard Helms DCI?

El presidente Johnson en junio de 1966. Cuando el escándalo del Watergate estalló, Richard Helms supo que Howard Hunt, un antiguo oficial de la CIA, estaba involucrado. El presidente Nixon y sus ayudantes intentaban que, basándose en cuestiones de seguridad nacional, la CIA impidiese que el FBI siguiera el rastro del dinero pagado por la Casa Blanca a los asaltantes del Comité Nacional Demócrata en el edificio Watergate. Helms opinaba que la CIA debía realizar operaciones de inteligencia y no trabajos sucios para la Casa Blanca.

¿Qué provocó el primer encontronazo entre Richard Helms y el presidente Richard Nixon?

Cuando Helms, como DCI, se negó a entregar a Nixon los informes secretos de la operación de Bahía Cochinos; del golpe contra el presidente Ngo Dinh Diem de Vietnam del Sur en 1963; del asesinato del dictador dominicano Rafael Trujillo en 1961, y del golpe de Estado contra Salvador Allende en 1970.

¿Qué provocó el enjuiciamiento de Richard Helms?

En 1973, desconfiando de la lealtad de Helms como director de la CIA, el presidente Nixon lo nombró embajador de Estados Unidos en Irán. Durante la confirmación de Helms ante el Comité del Senado, un senador preguntó a Richard Helms si la CIA había intervenido en el derrocamiento de Salvador Allende como presidente de Chile. El hasta entonces DCI respondió: «No, señor». En 1977, cuando se descubrió la implicación de la CIA en el golpe de Estado, Richard Helms fue acusado de perjurio y de mentir al Senado. Obligado a dimitir como embajador, Helms fue condenado a cumplir dos años de cárcel en suspenso y a pagar una multa de 2.000 dólares. «Usted se presenta ante este tribunal con una desgracia y un deshonor», le dijo el juez a Richard Helms en 1977. Seis años más tarde, el presidente Ronald Reagan concedió al antiguo DCI la Medalla de Seguridad Nacional, la más alta condecoración por trabajos de inteligencia. Helms moriría en 2002 a los 89 años de edad.

¿Qué futuro DCI comandaba un buque de guerra durante el ataque de los japoneses a Pearl Harbour?

El primer DCI, el vicealmirante Roscoe H. Hillenkoetter. El 7 de diciembre de 1941 Hillenkoetter era el comandante del buque *West Virginia*, uno de los objetivos de los aviones japoneses en la bahía hawaiana de Pearl Harbour. En septiembre de 1942, como capitán, fue puesto al cargo del Centro de Inteligencia del Área del Océano Pacífico (ICPOA). Entre 1943 y 1944 comandó un destructor y en 1945, el acorazado *Missouri*, uno de los más importantes de la flota estadounidense. En noviembre de 1946 el presidente Truman lo nombró director del Grupo Central de Inteligencia, antecesora de la CIA. Cuando en 1947 se creó la CIA, Hillekoetter fue ratificado como DCI, el 8 de diciembre del mismo año. El vicealmirante Hillenkoetter falleció en 1982 a los ochenta y cinco años de edad.

¿Qué agente de bolsa y empresario fue nombrado jefe del Directorio de Operaciones?

Max Hugel. Confidente de William Casey durante la campaña electoral de Ronald Reagan, el DCI lo fichó como su asistente especial en enero de 1981. Hugel deseaba mayores responsabilidades dentro de la CIA, por lo que Casey lo nombró jefe del Directorio de Operaciones (DDO), el puesto más sensible de la agencia. Como DDO, las responsabilidades de Hugel abarcaban a las operaciones clandestinas de la CIA. Tras la llegada de Hugel, varios agentes y oficiales con alta experiencia en operaciones encubiertas dimitieron en protesta por el nombramiento. Entre estos cabe citar a Richard F. Stolz, uno de los más experimentados oficiales en asuntos de la Unión Soviética. En el mes de julio de 1981 dos hermanos y antiguos asociados de Hugel, Thomas y Samuel McNell, acusaron al DDO de haber utilizado información privilegiada en provecho propio. Dieciséis cintas de audio con conversaciones entre Hugel y los hermanos McNell fueron enviadas al diario *The Washington Post*. Tras hacerse pública la historia, Max Hugel fue obligado a dimitir. En la actualidad permanece activo en la política dentro del Partido Republicano.

¿Qué almirante de la Marina, fue director de Inteligencia Naval, director de la NSA y subdirector de la CIA?

Bobby Ray Inman. Inman ingresó en la Marina en 1951 y fue destinado en buques de superficie hasta que poco después desvió su carrera hacia tareas de inteligencia. En julio de 1977 fue nombrado director de la Agencia de Seguridad Nacional con el rango de vicealmirante. En febrero de 1981 fue nombrado subdirector de la CIA. Esa misma fecha Inman fue ascendido a almirante. En julio de 1982, tras catorce meses en el puesto, presentó su dimisión alegando que le llegaba la jubilación de la Marina. El motivo real de su retirada fueron los continuos choques con William Casey, el DCI. El 16 de diciembre de 1993 el presidente Bill Clinton anunció su intención de nombrar al almirante Bobby Ray Inman para el cargo de secretario de Defensa. El 18 de enero de 1994 Inman anunció públicamente que retiraba su candidatura debido a las continuas críticas que recibía de los columnistas del *Post* y del *Times*. En la actualidad Inman se dedica a los negocios privados.

¿Qué DCI pudo negociar la paz con Alemania casi al final de la Segunda Guerra Mundial?

Allen Dulles. Cuando este era jefe de la OSS en Suiza, a finales de 1944 fue contactado por el Gruppenführer SS Ernst Kaltenbrunner, todopoderoso jefe de la Oficina Central de Seguridad del Reich (RSHA). Kaltenbrunner, sabiendo que estaban perdiendo la guerra, contactó con Dulles para que el espía estadounidense sirviese de puente con los aliados con el fin de negociar una paz honorable para Alemania. El asunto no dio resultado y al final de la guerra Kaltenbrunner fue llevado a juicio en Nuremberg, condenado y ejecutado en la horca.

¿Qué DCI con muy poca experiencia en trabajo de inteligencia fue nombrado por el presidente John Kennedy?

John A. McCone. El DCI, entre noviembre de 1961 y abril de 1965, fue nombrado por Kennedy para intentar lavar la imagen de la CIA tras el fiasco de Bahía Cochinos.

¿Qué opinaban los expertos oficiales de la CIA sobre John McCone?

Que era un hombre sin experiencia en inteligencia o en operaciones militares y que sería DCI durante poco tiempo. A favor tenía su estrecha relación con John Kennedy y Robert Kennedy. Tras su retirada de la CIA, John A. McCone fue nombrado embajador de Estados Unidos ante el Vaticano.

¿Quién fue el DCI con menos tiempo en el cargo?

James R. Schlesinger, director de la CIA entre febrero y julio de 1973, tan solo cinco meses. Economista y experto en seguridad nacional, él era asesor del Consejo de la Reserva Federal. Su primer puesto en el Gobierno fue el de director de la Oficina de Presupuestos y presidente de la Comisión de Energía Atómica entre 1971 y 1973, hasta que el presidente Nixon lo nombró para dirigir la Agencia Central de Inteligencia.

¿Cuál fue la principal tarea de Schlesinger en el cargo?

Autorizar la recopilación de las «Joyas de Familia», la famosa lista en la que se enunciaban las operaciones clandestinas de la CIA; el despido de casi un millar de funcionarios y agentes de la agencia, invocando el llamado edicto de «20 años (de servicio en la CIA) y estás fuera». A los cinco meses, el propio Schlesinger pidió al presidente ser relevado, por lo que Nixon lo nombró Secretario de Defensa.

¿Quién fue el segundo DCI con menos tiempo en el cargo?

El vicealmirante Raborn, DCI entre el 28 de abril de 1965 y el 30 de junio de 1966. Experto en la Marina, fue uno de los padres de los famosos misiles Polares. Cuando fue ascendido a vicealmirante, Raborn fue nombrado subdirector de Operaciones Navales. El presidente Johnson lo nombró DCI, para sorpresa de los más altos y experimentados cargos de la CIA, quienes deseaban un jefe salido de sus propias filas. Sin experiencia en actividades de inteligencia, Raborn solo deseaba contentar a su jefe en la Casa Blanca. Richard Helms, subdirector de la CIA en la era Raborn, dijo un día: «Yo nunca trabajé con un tipo que estuviera más fuera de su elemento que él». El vicealmirante Raborn solo duró catorce meses en el cargo.

¿Quién fue el segundo director de la CIA y uno de los hombres de confianza de Dwight D. Eisenhower durante la Segunda Guerra Mundial?

El general Walter Bedell Smith, DCI desde octubre de 1950 a febrero de 1953. Smith sirvió como jefe del Alto

Mando del general Eisenhower, Comandante Supremo Aliado en Europa. En octubre de 1950 fue nombrado DCI por el presidente Truman, por el fallo de inteligencia demostrado por la CIA al no haber detectado al asalto de las tropas norcoreanas a Corea del Sur dando así inicio a la Guerra de Corea. En 1953 abandonó la CIA cuando Smith fue nombrado vicesecretario de Estado por el presidente Eisenhower, un cargo que ocupó hasta 1954.

¿Qué DCI no aparece en la lista oficial de DCI?

El vicealmirante William O. Studeman. Subdirector de la CIA desde abril de 1992 a agosto de 1995, Studeman fue nombrado DCI en funciones a comienzos de 1993 hasta el nombramiento de James Woolsey como nuevo DCI por la Administración Clinton. En 1962 Studeman fue comisionado en la Marina y sirvió en diferentes tareas de inteligencia. En 1980 fue nombrado asistente ejecutivo del Jefe de Operaciones Navales. En septiembre de 1985 fue nombrado jefe de la Inteligencia Naval y en agosto de 1988 ascendido a vicealmirante y con ello director de la Agencia de Seguridad Nacional. William O. Studeman, como director de la NSA, fue nombrado subdirector de la CIA en 1992. Retirado de la Marina, Studeman abandonó la CIA el 1 de octubre de 1995.

¿Qué DCI fue nombrado por el presidente Clinton tras ser rechazado su candidato ideal?

George Tenet, nombrado DCI por el presidente Clinton, el 19 de marzo de 1997 y confirmado por el Senado el 10 de julio del mismo año. El presidente deseaba nombrar a su consejero de Seguridad Nacional, Anthony Lake, pero el Senado pensó que Lake no estaba preparado para dirigir una organización tan poderosa como la CIA, con casi 80.000 empleados. Tenet era el quinto DCI en seis años.

¿Cuál fue la primera medida adoptada por George Tenet como DCI?

Llamó a Jack G. Downing, un experto oficial de la CIA retirado, para nombrarlo director de Operaciones. Veterano del Vietnam y ex jefe de la estación de Moscú, Downing hablaba fluidamente el chino y el ruso.

¿Cuándo dio comienzo la carrera de George Tenet?

Tenet, hijo de padres griegos, nació en Nueva York. Él comenzó su carrera a los 29 años cuando se unió al equipo del senador John Heinz. En 1985 se unió al Comité de Inteligencia del Senado. Al comienzo del segundo mandato del presidente Clinton, Tenet fue nombrado director de Inteligencia en el Consejo de Seguridad Nacional bajo el mando de Anthony Lake. Cuando John M. Deutch fue elegido DCI, nombró a Tenet como su segundo al mando en la CIA. Tenet era utilizado por Deutch para servir como enlace entre la CIA y los altos mandos de la NSA y el FBI. Tras los atentados del 11 de septiembre de 2001, Tenet se convirtió en uno de los más cercanos asesores del presidente Bush. Tenet se reunía diariamente con el presidente en el Despacho

Oval de la Casa Blanca. Abandonó el cargo de DCI en julio de 2004 y fue sustituido por Porter J. Goss.

¿Qué DCI fue nombrado por el presidente Carter?

El almirante Stansfield Turner, DCI entre marzo de 1977 y enero de 1981. Graduado en la Academia Naval, sirvió en varios buques de guerra. Tras su paso por la Harvard Business School, fue ascendido a almirante en 1970. Jefe de la División de Análisis de Sistemas de la Marina, presidente del Colegio Naval, comandante de la Segunda Flota, hasta que en septiembre de 1975 fue nombrado comandante en jefe de las Fuerzas Aliadas en el Sur de Europa de la OTAN. Cuando el presidente Carter llegó a la Casa Blanca lo nombró DCI. El almirante Stansfield Turner se retiró de la Marina en diciembre de 1978 y ocupando el cargo de DCI.

¿Cuáles fueron los principales caballos de batalla de Turner dentro de la CIA?

Como DCI dio una gran importancia a la red de espionaje por satélites y abandonando el espionaje clásico a través de agentes y operativos, HUMINT. Drásticamente, recortó las operaciones clandestinas de la agencia y cesó a cerca de 150 agentes veteranos que trabajaban para el Directorio de Operaciones. Los 150 agentes solo recibieron una carta de despido que decía: «He decidido que sus servicios ya no son necesarios. Firmado: Stansfield Turner, DCI». Turner, que llegó a la CIA aún como almirante, daba órdenes y esperaba que se cumpliesen sin rechistar. Las mayores críticas que recibió de los agentes y los oficiales veteranos era que Turner creía que la CIA era un portaviones y trataba a sus agentes como si fueran marineros rasos. Sus acciones provocaron una baja moral entre los agentes de la CIA. Otro de los errores que cometió fue nombrar para la dirección de la Oficina de Asuntos Públicos a un oficial de la Marina que no tenía ni idea de asuntos de espionaje. Tras dejar su puesto en la CIA, Turner escribió un libro, titulado *Secreto y democracia* (1985), en el que repasaba sus cuatro años en la Agencia Central de Inteligencia. Pasado el manuscrito por la censura de la CIA, los oficiales le tacharon hasta 100 párrafos. En 1994 el propio Stansfield Turner dio una conferencia en la que acusó a la CIA de no haber previsto el colapso de la Unión Soviética ni el colapso del régimen del Sha de Irán.

¿Quién es el único estadounidense que ha ocupado el cargo de director de la CIA y director del FBI?

William Webster, director del FBI entre 1978 y 1987 y director de la CIA entre 1987 y 1991. Webster dimitió tras las graves críticas vertidas contra él por miembros del Congreso, tras los fallos de inteligencia en la invasión estadounidense en Panamá en 1989 y por los fallos al no haber previsto la invasión iraquí del emirato de Kuwait en agosto de 1990. Webster realmente no buscaba un cargo público cuando el presidente Carter lo llamó para dirigir el FBI, un cargo en el que estaría casi diez años. La mayor campaña de Webster al frente del FBI fue la de combatir de forma más agresiva el contraespionaje o, mejor dicho, la caza de espías en Estados Unidos. Tras la muerte de William Casey en 1987, William Webster fue nombrado DCI por el presidente Ronald Reagan.

¿Qué lavado de cara tuvo que hacer Webster al FBI en 1978 y a la CIA en 1997?

Webster entró en el FBI para lavar la imagen de esta agencia federal tras el escándalo del Watergate y tras la política autocrática seguida por J. Edgar Hoover en el propio FBI hasta su muerte en 1972. En la CIA, Webster tuvo que lavar la cara de la Agencia Central de Inteligencia tras el escándalo del Irán-Contra en la que participaron dos oficiales de la agencia.

¿Qué DCI fue el responsable de situar a la CIA tras el fin de la Guerra Fría?

James Woolsey, DCI entre febrero de 1993 y enero de 1995. Graduado en Stanford y Yale, Woolsey fue nombrado en 1970 consejero del Comité de Servicio Armados del Senado. Entre 1978 y 1979 fue vicesecretario de Marina. Durante 1980 participó en las conversaciones entre oficiales de la OTAN y los soviéticos para la limitación de armas estratégicas. El presidente Clinton nombró a Woolsey director de la Agencia Central de Inteligencia con la orden de recolocar a la CIA, así como sus operaciones tras el fin de la Guerra Fría. En enero de 1995 dimitió tras las fuertes críticas recibidas con la detención del traidor Aldrich Ames.

Capítulo 3
ESPÍAS

¿Quién fue el primer director de la Oficina de Coordinación Política responsable de dar luz verde a las operaciones encubiertas propuestas por la Oficina de Operaciones Especiales?

Frank Wisner, un veterano de la OSS. Wisner tendría el rango de asistente al secretario de Estado.

¿Cuál fue el mejor centro de reclutamiento de espías tanto para la OSS como para la CIA?

Las universidades estadounidenses, y en especial la de Yale.

¿Quiénes eran los mejores reclutadores?

Arnold Wolfers, profesor de Relaciones Internacionales en el Pierson College, y Sherman Kent, profesor de Historia en la Universidad de Yale. Dulles lo reclutaría años después para la OSS; la CIA, en donde sería nombrado director de la Oficina de Estimaciones Nacionales, ONE, y cuyas funciones eran las de producir análisis de inteligencia para reacciones futuras.

¿Qué famoso espía de la CIA fue reclutado por Kent entre los graduados en Yale?

William Bundy, años más tarde asistente al secretario de Defensa y una de las figuras claves en la Guerra del Vietnam.

¿Qué otro espía de la CIA fue reclutado por Kent en la Universidad de Yale?

John Downey. En noviembre de 1952 cayó durante una misión de espionaje en China. Pasó más de veinte años en una prisión china de máxima seguridad.

¿Qué agente de la CIA que tuvo que dimitir tras el escándalo de Bahía Cochinos se convirtió en uno de los «fontaneros» del presidente Nixon en la Casa Blanca?

Howard Hunt, que se vería pocos años después involucrado en el escándalo del «Watergate» en 1972.

¿Cómo se llamaba el primer agente de la CIA caído en acción en Afganistán?

Michael «Johnny» Spann, 32 años. Era oficial de operaciones encubiertas de la CIA. Fue asesinado tras la revuelta en la prisión de Mazar-i Sharif en el norte de Afganistán en noviembre de 2001. Spann estaba interrogando prisioneros cuando comenzó la revuelta. El agente muerto había servido en el Cuerpo de Marines y se había unido a la CIA en 1999. Llevaba en Afganistán seis semanas.

¿Cómo se llamaba el piloto de U-2, el programa de aviones espías de la CIA, que fue derribado sobre Cuba?

El mayor Rudolph Anderson Jr., treinta y cinco años. Fue derribado sobre Cuba el 27 de octubre de 1962 durante la crisis de los misiles. Él fue uno de los dos pilotos de U-2 que descubrieron el despliegue de misiles balísticos soviéticos en la isla de Cuba.

¿Quién era el mayor experto en materia de contrainteligencia de la CIA?

James Jesús Angleton (1917-1987). Angleton era calificado por los altos cargos de la CIA como un defensor de la llamada «línea dura» contra el espionaje soviético en Estados Unidos. Aunque había nacido en Idaho, el trabajo de su padre, ejecutivo en una gran compañía, hizo que el joven Angleton viviese en Italia y se educase en colegios ingleses. En 1943, tras graduarse en Yale, se unió a la OSS en Londres, donde fue asignado al X-2, la división de contrainteligencia de la OSS. Él tuvo muchos contactos con agentes del MI5 y del MI6, incluido Kim Philby. En 1944 fue enviado como jefe del X-2 a Italia, y sus máximas responsabilidades fueron combatir contra las actividades del espionaje fascista.

¿Con qué sacerdote del Vaticano tuvo mucho contacto James Jesús Angleton durante su estancia Italia?

Con un sacerdote llamado Giovanni Battista Montini. Montini había sido nombrado por el papa Pío XII director de asuntos eclesiásticos internos del Estado Vaticano. El 21 de junio de 1963 Montini fue nombrado Sumo Pontífice, adoptando el nombre de Pablo VI.

¿Qué actividades desarrolló Angleton tras el fin de la Segunda Guerra Mundial?

Continuó en Italia trabajando en contrainteligencia para detectar operaciones de los soviéticos y estableciendo estrechas relaciones con miembros de organizaciones judías clandestinas y que más tarde se convertirían en agentes del Mossad.

¿Cuándo se unió James Jesús Angleton a la CIA?

En 1947 y en 1954 estableció la primera oficina de contrainteligencia de la CIA.

¿Cuál fue su primera operación encubierta?

En Italia durante las primeras elecciones tras la Segunda Guerra Mundial. Con fondos de la CIA, Estados Unidos consiguió la derrota del Partido Comunista Italiano en los comicios.

¿Qué apodos recibía James Jesús Angleton de los agentes de la CIA?

«Madre», «Fantasma Gris» o «Calavera», en referencia a su rostro cadavérico.

¿Cuál fue uno de los más famosos casos llevados por Angleton?

La investigación del desertor soviético del KGB Yuri Nosenko, quien alegaba haber sido el oficial de enlace de Lee Harvey Oswald, el supuesto asesino del presidente Kennedy, cuando este vivía en Rusia. Según Nosenko, el KGB no estaba involucrado en el complot para asesinar a JFK.

¿En qué año se retiró James Jesús Angleton?

En 1975, después de más de veinte años en contrainteligencia. Recibió la Medalla de Servicios Distinguidos de Inteligencia, la más alta condecoración concedida por la CIA. Falleció en 1987, pescando y cultivando orquídeas.

¿Qué famoso jugador de béisbol fue agente de la CIA?

Morris «Moe» Berg. Hijo de inmigrantes rusos, se graduó en la Universidad de Princeton gracias a las becas concedidas por su habilidad como jugador de béisbol. Firmó contrato con los Dodgers de Brooklyn, en donde permaneció durante dieciséis años como uno de los mejores lanzadores de las grandes ligas. En 1934, y durante una gira con los Dodgers, filmó una base naval japonesa y el puerto de Tokio para la inteligencia estadounidense. Tras abandonar el béisbol, en 1941 fue enviado a Latinoamérica. En 1943 fue lanzado sobre la Yugoslavia ocupada para servir de enlace con los partisanos de Josip Broz Tito. También formó parte de la operación para destruir una fábrica alemana de agua pesada en Noruega, con la que pretendían fabricar bombas atómicas. Berg trabajó tras la guerra para la OTAN y siguió realizando operaciones especiales para la CIA durante los años cincuenta y sesenta. Falleció en 1972.

¿Quién era el jefe de operaciones clandestinas de la CIA durante el desastre de Bahía Cochinos?

Richard M. Bissell. Él había dirigido el programa encargado del desarrollo del avión espía U-2 para la CIA. En 1954 se unió a la CIA bajo la dirección del DCI, Allen W. Dulles, que lo nombró su asistente especial para Europa del Este. Bissell participó en la operación encubierta contra el Gobierno izquierdista de Guatemala en 1954. Su función fue la de coordinar los sistemas de propaganda contra el Gobierno y la financiación del exilio guatemalteco. Bissell dirigió los programas de aviones espías U-2 y SR-71.

¿Qué otras operaciones clandestinas dirigió personalmente Richard M. Bissell?

Contactó con la Mafia para asesinar a Fidel Castro dentro de la operación «Mangosta», autorizada por el presidente Kennedy; participó de forma activa en la operación de desembarco de exiliados cubanos en Bahía Cochinos, y convirtió al primer ministro congoleño, Patrice Lumumba, en un objetivo de sus asesinos. En enero de 1962 Bissell dimitió de la CIA. Poco después fue elegido presidente del Instituto de Análisis para la Defensa. En sus últimos años fue nombrado director financiero y de marketing de la empresa United Aircraft, uno de los mayores contratistas del Ejército de Estados Unidos.

¿Quiénes son los 48 nombres revelados de agentes de la CIA muertos en acción?

1950, Douglas S. MacKiernan; 1951, Jerome P. Ginley; 1952, Robert C. Snoddy y Norman A. Schwartz; 1956, William P. Boteler, Howard Carey, Frank G. Grace y Wilburn S. Rose; 1960, Chiyoki Ikeda; 1961, Nels L. Benson, Thomas W. Ray, Leo F. Baker, Wade C. Gray y Riley W. Shamburger; 1964, John G. Merriman; 1965, Buster Edens, Edward Johnson, Michael M. Deuel, Barbara Annette Robbins, Mike Maloney y John Waltz; 1966, Louis A. O'Jibway; 1967, Walter L. Ray; 1968, Billy Jack Johnson, Jack Weeks, Wayne McNulty y Richard M. Sisk; 1971, Paul C. Davies y David Konzelman; 1972, John Peterson y Wilbur Murray Greene; 1973, Raymond L. Seaborg y John W. Kearns; 1975, William Bennet y Richard Welch; 1976, James A. Rawling y Tucker Gougelmann; 1977, Tucker Gougelmann; 1983, Robert C. Ames; 1984, Richard Spicer, Scott J. Vanlieshout y Curtis R. Wood; 1985, William F. Buckley; 1987, Richard D. Krobock; 1992, Lawrence N. Freedman; 1993, Lansing H. Bennett y Frank A. Darling; 1996, James Lewek y John

A. Celli; 2001, John Michael Spann; 2003, Helge Boes, William Francis Carlson y Christopher Glenn Mueller.

¿Cuántas estrellas que representan a agentes de la CIA caídos en acción no están identificadas?

En 1965, una estrella; en 1970, una estrella; en 1974, una estrella; en 1978, tres estrellas; en 1983, ocho estrellas; en 1984, una estrella; en 1988, una estrella; en 1989, ocho estrellas; en 1992, una estrella; en 1993, una estrella; en 1995, una estrella; en 1996, una estrella, en 1998, dos estrellas, y en 2003, una estrella.

¿Qué agente de la CIA se esconde tras la primera estrella?

Douglas S. Mackiernam. Murió durante una misión en China el 29 de abril de 1950. Él había trabajado para el servicio meteorológico del ejército en China durante la Segunda Guerra Mundial. En 1947, a los 35 años, se unió a la CIA bajo cobertura diplomática. Mientras realizaba una misión de espionaje en la frontera chino-soviética, buscando pruebas de una explosión atómica, la guardia fronteriza china le disparó.

¿Cuál es la agente de la CIA más joven muerta en acción?

Barbara Annette Robbins. Tenía 21 años y era secretaria de la CIA en la embajada de Estados Unidos en Saigón, Vietnam del Sur. Fue asesinada el 30 de marzo de 1965, cuando un coche bomba hizo explosión en una calle cercana a la legación diplomática. Veintiuna personas murieron en el atentado y otras 186 quedaron heridas.

¿Qué agente de la CIA, hijo de otro agente de la CIA, murió durante una misión secreta en Laos?

Mike Maloney. El agente era oficial de operaciones que trabajaba bajo cobertura de la Agencia de Estados Unidos para el Desarrollo Internacional, cuando el helicóptero de Air America en el que viajaba fue derribado sobre Laos el 12 de octubre de 1965.

¿Qué tres agentes de la CIA murieron realizando operaciones encubiertas en Centroamérica?

Richard Spicer murió el 18 de octubre de 1984, cuando su avión fue derribado por un misil disparado por tropas nicaragüenses. Spicer debía suministrar armas a la Contra que luchaba contra el Gobierno sandinista. Scott Vanlieshout y Curtis Wood murieron cuando su avión fue derribado sobre El Salvador.

¿Qué agente murió realizando operaciones encubiertas en Somalia?

Lawrence N. Freedman, antiguo Boina Verde en Vietnam y superviviente de la Delta Force en la operación «Desierto Uno», en la que intentaron el rescate de los rehenes estadounidenses en la embajada en Teherán en 1980. Él se unió a la CIA en 1990. El 23 de diciembre de 1993 se encontraba en Somalia a la edad de cincuenta y un años, dentro de la llamada operación «Devolver la Esperanza». Freedman murió cuando su *jeep* pisó una mina. Su misión en Somalia no fue nunca revelada por la CIA.

¿Qué jefe de estación fue secuestrado y posteriormente ejecutado?

William Buckley. El espía era jefe de la estación de la CIA en Beirut cuando, el 16 de marzo de 1984, fue secuestrado por un comando del *Yihad* islámico mientras conducía su vehículo sin ninguna escolta por un barrio de Beirut. William Casey, el DCI, ordenó poner todos los medios para encontrarlo, pero fue imposible. Interrogado y torturado durante más de un año, fue finalmente ejecutado en junio de 1985. En diciembre de 1991 fue encontrado el esqueleto de Buckley en una bolsa cerca del aeropuerto de la capital libanesa. Trasladado a Estados Unidos, fue enterrado con honores militares en el Cementerio Nacional de Arlington.

¿Cuándo se incorporó Buckley a la CIA?

En 1954. Su primer destino fue en la unidad de reclutamiento como especialista en pruebas psicológicas. Ya como agente de la CIA se incorporó a la escuela de guerra en Fort Bragg, Carolina del Norte. Poco después fue destinado nuevamente a Langley, en donde se ocupó de analizar la información recibida desde el «Túnel de Berlín». Posteriormente fue enviado a Florida para hacerse cargo de las relaciones de la CIA con el exilio cubano.

¿En qué operación participó William Buckley en la Guerra del Vietnam?

Buckley se dedicó a entrenar a miembros de las Boinas Verdes para combatir en las montañas de Vietnam del Norte. También entrenó a miembros de la inteligencia de Vietnam del Sur para interrogar a detenidos del Vietcong. William Buckley participó también en misiones encubiertas contra operaciones llevadas a cabo por los servicios de espionaje de Vietnam del Norte y del KGB en Laos.

¿En qué países estuvo Buckley destinado en las estaciones de la CIA?

En Alemania Occidental, Siria, Egipto y Pakistán.

¿Qué asesinato de un presidente provocaron fuertes críticas contra William Buckley?

Anwar el Sadat. El agente de la CIA había sido enviado a Egipto con la intención de entrenar a los guardaespaldas, pero el 6 de octubre de 1981, y durante un desfile militar, Sadat fue asesinado. El Gobierno egipcio protestó por la falta de eficacia de los hombres entrenados por Buckley.

¿Quién fue uno de los más respetados agentes de la CIA?

El que fuera subdirector de la agencia, el doctor Ray S. Cline. Este comenzó su trayectoria en el mundo del espionaje como criptoanalista de la Marina en 1942 y miembro de la Oficina de Servicios Estratégicos entre 1943 y 1945. Entre 1945 y 1949 se dedicó a su carrera como historiador, especializándose en historia militar. En 1949 se unió a la CIA, y sirvió en Londres entre 1951 y 1953. Desde 1958 a 1962 supervisó operaciones contra la China comunista desde el territorio de Taiwan. Subdirector de la CIA entre 1962 y 1966, tuvo un papel destacado en la Crisis de los Misiles de Cuba. Después de diversos choques con el DCI, William Raborn, Cline fue destinado como jefe de estación en Fráncfort en 1966 y asesor en la embajada de Estados Unidos en Bonn entre 1966 a 1969. En noviembre de 1973 fue nombrado director de la Oficina de Inteligencia e Investigación dependiente del Departamento de Estado. En 1973 recibió la más alta condecoración de la comunidad de inteligencia. Es autor de dos importantes libros sobre la CIA: *Secretos, espías y escolares* y *La CIA bajo Reagan, Bush y Casey*. Cline falleció en 1996 a los 78 años de edad.

¿Qué espía de la CIA cumplió diecinueve años de reclusión en una prisión china?

Richard Fecteau. Oficial de la CIA, fue capturado en China cuando su avión espía fue derribado el 29 de noviembre de 1952. Fecteau viajaba en un Dakota C-47 junto a otro oficial, John Downey, y otros siete agentes de la CIA. En diciembre de 1954 China reconoció la captura del agente y el envío a juicio. Downey fue sentenciado a cadena perpetua y Fecteau a diecinueve años de prisión. Downey, finalmente, fue liberado tras veinte años de reclusión. Fecteau regresó a Estados Unidos en 1971 y Downey en 1973.

¿Quién era Fedora?

El nombre código de un oficial de la inteligencia soviética que entregaba información al FBI, a la CIA y al MI6. Fedora no fue nunca identificado. Algunas fuentes aseguran que era Aleksei Kulak, oficial del KGB y bajo cobertura de agregado científico en la misión soviética ante las Naciones Unidas. Otras fuentes lo identificaban como Victor Lessiovski, oficial del KGB.

¿Qué periodista trabajó al mismo tiempo para el SOE británico, para la OSS estadounidense y más tarde para la CIA?

Virginia Hall. Era periodista y corresponsal del diario *The New York Post*, cuando fue reclutada por el SOE británico y la OSS estadounidense durante la Segunda Guerra Mundial. Su nombre en código era «Diane» y «René». En marzo de 1944 Hall intervino en una operación conjunta del SOE y de las fuerzas de la Resistencia francesa para comenzar los preparativos de la operación de desembarco aliado en las playas de Normandía. Virginia Hall ayudó a establecer los operativos de la OSS en la Francia ocupada. Después de la guerra se unió a la CIA, siendo destinada como oficial de inteligencia en varios países de Latinoamérica. Virginia Hall falleció en 1982 a los 76 años de edad.

¿Qué oficial de la CIA era el enlace del traidor Kim Philby del MI6 en Washington?

William King Harvey. Se unió al FBI en 1940, siendo destinado a la unidad de contrainteligencia. En 1947 dimitió del FBI y se unió a la CIA. Cuando, Kim Philby fue destinado por el MI6 a la embajada británica en Washington, Harvey fue destinado a ser su enlace con las agencias de espionaje estadounidense. Cuando, tras una fiesta, Philby insultó a la esposa de Harvey, este decidió poner al propio Kim Philby y a su socio Guy Burgess bajo vigilancia. William Harvey fue el primer agente en informar de sus sospechas de que tanto Philby como Burgess eran en realidad infiltrados del KGB en el MI6. Nadie le hizo caso y años después se descubriría que Harvey tenía razón.

¿En qué otras misiones de la CIA participó William King Harvey?

En 1952 Harvey fue el oficial de la CIA que ideó el llamado «Túnel de Berlín», por lo que fue conocido como «el Agujero de Harvey». También formó parte de la operación para asesinar a Fidel Castro por orden del presidente John Kennedy.

¿Qué provocó la caída de Harvey dentro de la CIA?

Cuando durante una visita del fiscal general de Estados Unidos, Robert Kennedy, a la estación de la CIA en Miami, este acusó a Harvey de moverse demasiado despacio con la operación para liquidar a Castro. Harvey lo mandó a la mierda. Durante una segunda reunión, Harvey, en presencia de Robert Kennedy, acusó a este y a su hermano, el presidente John Kennedy, de ser unos cobardes. Kennedy ordenó la expulsión de William Harvey de la CIA, pero el entonces director de Planificación, el servicio clandestino de la Agencia, Richard Helms, le salvó el cuello a Harvey enviándolo en 1963 a dirigir la estación de la CIA en Roma. Su afición a la bebida y su vida errática lo llevó a dimitir en enero de 1969. Falleció en algún lugar de Estados Unidos en 1976.

¿Qué agente de la CIA implicado en el escándalo «Watergate» fue corresponsal de la prestigiosa revista *Life*?

Howard E. Hunt. Al ser licenciado tras haber sufrido diversas heridas mientras servía en un destructor durante la Segunda Guerra Mundial, comenzó a trabajar para la revista *Life*. Hunt se uniría a la OSS y fue destinado a operaciones encubiertas en China. Cuando se fundó la CIA, Hunt se unió a sus filas y fue destinado a los Balcanes, Asia, Guatemala, México y Uruguay. Tras una vida como escritor de novelas de espionaje de cierto éxito, Hunt se unió en 1971 a la llamada Unidad de Investigación Especial, que no era otra cosa que el grupo de «fontaneros» de la Casa Blanca bajo la administración del presidente Richard Nixon. Tras descubrirse su implicación en la colocación de micrófonos en el Cuartel General Demócrata en el edificio Watergate, Hunt fue condenado por actividades ilegales a ocho años de prisión y a pagar 10.000 dólares de multa. Hunt solo cumplió 33 meses de prisión.

¿Quién era Lew James?

Lew James era el alias del último oficial de la CIA desaparecido en Vietnam. James fue capturado por tropas norvietnamitas el 16 de abril de 1975 cerca de Saigón. Tras su desaparición, la CIA notificó su pérdida como «oficial consular desaparecido». Lew James fue encarcelado en una prisión de Hanoi. Tras la caída de Saigon, los norvietnamitas descubrieron la verdadera identidad de James.

¿Quién era realmente Lew James?

Frank Snepp, analista jefe de estrategias de la CIA en Saigón, explicó que Lew James era realmente Tucker Gougelmann, un agente retirado de la CIA. Gougelmann fue capturado y ejecutado después de ser interrogado durante un año por agentes del KGB en Hanoi. Gougelmann se había retirado de la CIA, pero decidió regresar a Vietnam en 1975 para ayudar a un grupo de huérfanos.

¿Quiénes eran John y Jane Doe?

Los seudónimos usados en 2004 por un matrimonio estadounidense ante los tribunales. Al parecer, ambos habían sido reclutados por la CIA para trabajar sin ningún tipo de cobertura de seguridad como espías en la Unión Soviética. Cuando estos regresaron, la CIA se negó a abonarles el dinero prometido. Los Doe llevaron a la CIA ante los tribunales. En enero de 2004 la Corte de Apelaciones de Estados Unidos en el Noveno Distrito declaró: «Las agencias de espionaje de Estados Unidos deben procurar seguridad a los ciudadanos de este país. La inseguridad que han provocado en dos de sus ciudadanos debe ser recompensada. No solo por sus servicios prestados al país, sino por el trabajo de alto riesgo llevado a cabo por los dos ciudadanos (los Doe)».

¿Qué espía de la CIA fue confundido con un «topo» del KGB?

Serge Peter Karlow. Veterano de la OSS con amplia experiencia en operaciones clandestinas durante la Segunda Guerra Mundial. Karlow, de nacionalidad estadounidense, se había criado en Alemania. Durante la contienda realizó varias misiones en el Mediterráneo, por lo que fue condecorado con una estrella de bronce. Tras el fin de la guerra, Karlow regresó a Washington y en 1947 se unió a la recién creada CIA, siendo destinado a la división de Tecnología, los encargados de fabricar los inventos que serían utilizados en las misiones de espionaje. Serge Peter Karlow trabajaba en la División de Servicios Técnicos hasta que contrainteligencia de la CIA y agentes del FBI creyeron descubrir un «topo» cuyo nombre en código era «Sasha». La identificación se basó en las declaraciones de dos desertores del KGB, Anatoli Golitsyn y Yuri Nosenko. A finales de 1962, Karlow fue interrogado por el FBI como parte de una investigación rutinaria hasta que el 11 de febrero de 1963 se le dijo que estaba bajo sospecha. Finalmente, Karlow fue expulsado de la CIA. Durante los años siguientes Karlow trabajó en una firma de seguridad mientras se dedicaba en cuerpo y alma a limpiar su nombre.

¿Qué DCI decidió reabrir el caso?

William Casey, veterano de la OSS como Karlow. En octubre de 1986, durante una reunión de la OSS, Casey prometió a Serge Peter Karlow que ordenaría una nueva investigación del caso, como así hizo. Pero cuando Casey estaba estudiando el caso Karlow, murió. Su sucesor, William Webster, se encontró con el caso abierto y decidió que Karlow había sido injustamente acusado y expulsado de la CIA. En 1988 Webster pidió al Congreso una partida extra de fondos, en total 500.000 dólares que fueron entregados a Karlow como indemnización. William Webster concedió a Serge Peter Karlow la medalla de servicios y una citación en reconocimiento a sus veintidós años de servicio en la CIA.

¿A qué ciudadano polaco y agente de la CIA y del Vaticano ayudaron a escapar a Occidente?

Al coronel Ryszard Kuklinski. Oficial del ejército polaco, pasó información a la CIA y a la Entidad, los servicios secretos vaticanos, sobre la planificación soviética para declarar la ley marcial en Polonia. Kuklinski fue espía de la CIA y la Entidad desde 1970 a 1981, año en que escapó a Occidente. Kuklinski estaba envuelto en los planes para declarar la ley marcial y aplastar las huelgas del sindicato Solidaridad, dirigido por Lech Walesa. Tras escapar con su esposa e hijo con ayuda de la Entidad a la embajada de Canadá, Kuklinski fue juzgado y condenado a muerte *in absentia*. Falleció en 2004 en Estados Unidos.

¿A quién se conocía como T. D. Latz?

Nombre en código del oficial de la CIA, antiguo piloto de U-2 y experimentado piloto de Air America, a quien la agencia encomendó la evacuación en helicópteros, desde la embajada de Estados Unidos en Saigón, del personal estadounidense y survietnamita junto a sus familias y que habían trabajado en tareas de inteligencia para Estados Unidos durante la guerra del Vietnam. Latz fue el último espía de la CIA en salir de Saigón tras la entrada de los comunistas.

¿Qué libro escrito por un ex agente de la CIA fue censurado por la agencia hasta en 350 páginas?

La CIA y el culto a la inteligencia (1974), escrito por Victor Marchetti y John Marks. Marchetti había servido en el Ejército, pero, tras licenciarse en estudios soviéticos en la Universidad de Pensilvania, se unió a la CIA en 1955. Trabajó como analista soviético entre 1966 y 1969. Durante los años sesenta se desencantó del trabajo en la agencia y decidió dimitir. En 1971 escribió una novela, hasta que poco después decidió escribir un libro sobre las historias de las operaciones de la CIA. De acuerdo con Alfred Knopf, el editor, el libro de Marchetti y Marks fue el primero en pasar censura de una agencia gubernamental. La CIA alegó que el ex agente violaba el documento de confidencialidad firmado antes de entrar en la agencia, mientras que Marchetti alegaba que la CIA no tenía autoridad para censurar su libro acogiéndose a la Primera Enmienda. El Supremo decidió no escuchar el caso. En la primera revisión del manuscrito la CIA censuró hasta 350 páginas, desde simples palabras a páginas enteras. El libro fue publicado en 1974 con varias partes censuradas por la CIA, algunas de ellas fueron incluidas en la reedición de 1983.

¿Qué espía estadounidense reconoció el presidente ruso Boris Yeltsin que había sido ejecutado?

Isaiah H. Oggins. El espía fue detenido bajo cargos de espionaje en 1939 y enviado a una prisión soviética. En 1946 fue ejecutado por orden de Stalin. En septiembre de 1992 el presidente Yeltsin reconoció al presidente Clinton que los soviéticos habían ejecutado a Oggins hacía cuarenta y seis años.

¿Qué agente de la CIA desapareció misteriosamente mientras navegaba?

John A. Paisley. Oficial de bajo rango dentro de la CIA, el cuerpo de Paisley fue encontrado en julio de 1978 con una bala metida en el cráneo y un cinturón de plomos de submarinismo alrededor del cuerpo. Paisley trabajaba como contratado por la agencia cuando salió a navegar en su velero *Brilling,* el 24 de septiembre de 1978. Oficiales de seguridad no encontraron una sola gota de sangre en el barco. Pasados unos meses, y tras descubrirse el cadáver, el FBI decretó muerte por suicidio y su viuda pudo cobrar el seguro que se había hecho unos meses antes de morir.

¿Quién creía mucha gente que era John A. Paisley?

«Garganta Profunda», el famoso informador secreto que estuvo pasando información a los dos periodistas del diario *The Washington Post*, Carl Berstein y Bob Woodward, durante el escándalo Watergate. Paisley era el enlace entre la CIA y la Casa Blanca durante el Watergate.

¿Qué rumores circularon sobre la muerte de John A. Paisley?

Se rumoreaba que Paisley, que hablaba ruso de forma fluida, podría haber estado espiando para los soviéticos y que fue asesinado, o por el KGB o por la CIA. El Comité de Inteligencia del Senado decidió en abril de 1980 abrir una investigación sobre la muerte de Paisley, pero tras meses de declaraciones no pudieron decidir por unanimidad si John A. Paisley se suicidó o si fue asesinado por algún agente de espionaje estadounidense o soviético.

¿Qué espía de la CIA bajo cobertura diplomática fue detenido por agentes del KGB en Moscú?

Martha Peterson. Oficial de la CIA, fue detenida por agentes del KGB en 1977. Peterson aparecía con el cargo de vicecónsul en la embajada de Estados Unidos en Moscú. Cuando fue detenida la agente de la CIA, intentaba contactar con Aleksandr Ogorodnik, un agente del KGB que deseaba desertar. A pesar de ser detenida, Washington siguió defendiendo que Martha Peterson era realmente una diplomática del Departamento de Estado, pero los soviéticos ordenaron su expulsión justo un día después de su detención. Cuando el KGB se disponía a detener a Ogorodnik, este consiguió evadirse y suicidarse con una píldora de cianuro.

¿Qué identidad de una espía de la CIA fue revelada por la revista *Time* y el diario *The New York Times*?

La de Valerie Plame. Esposa del embajador retirado Joseph Wilson, la identidad de esta oficial de la CIA fue revelada justo ocho días después de que Wilson regresase de Nigeria adonde había ido a investigar el supuesto suministro de plutonio a los servicios secretos iraquíes. El embajador Wilson no descubrió ninguna pista sobre la supuesta operación y dijo que incluso la CIA había exagerado el informe sobre las relaciones de Nigeria con el Iraq de Sadam Husein. Robert Novak, de *Time*, y Judith Miller, del *The New York Times*, publicaron varios artículos revelando la identidad de Plame. Wilson, furioso, denunció a la Administración

Bush de haber entregado la información a los dos periodistas como venganza por su informe.

¿Qué ley violaron Miller y Novak al hacer público el nombre de Valerie Plame?

El Acta de Protección de Identidades de Inteligencia de 1982. Esta Acta hace que sea ilegal hacer público el nombre de un agente u oficial de inteligencia en activo. Al final, se descubrió que fue un asesor cercano al presidente George H. Bush quien pasó la información a Novak. Miller, por su parte, se negó a dar su fuente y el juez la condenó a nueve meses de prisión por violación del Acta.

¿Qué espía de la CIA fue después miembro del Comité del Senado que investigó la trama Irán-Contra?

Thomas C. Polgar. Jefe de la estación de la CIA en Saigón en los últimos días de la Guerra del Vietnam. Polgar era un judío húngaro que llegó a los Estados Unidos en los años treinta. Polgar fue destinado a la estación de la CIA en Berlín y Viena, durante la Guerra Fría. Posteriormente sería nombrado jefe de la estación de la CIA en Buenos Aires. En 1972 fue destinado a Saigón, en donde se convirtió en una auténtica leyenda dentro de la agencia. A Polgar sus operativos lo llamaban el «embajador en la sombra». Thomas Polgar fue el último ciudadano estadounidense en abandonar territorio vietnamita cuando la embajada de Estados Unidos fue evacuada en abril de 1975. En 1987 se retiró de la CIA y se unió al Comité de Investigaciones del Senado encargado de investigar la trama del Irán-Contra.

¿Qué espía de Estados Unidos fue detenido por la FSB, la contrainteligencia rusa, cuando intentaba robar los planos de un torpedo?

El capitán de la inteligencia naval Edmond Pope. El militar fue condenado a veinte años de trabajos forzados en diciembre de 2000, pero el presidente Vladimir Putin lo perdonó por razones humanitarias debido al cáncer que sufría el militar. Edmond Pope era el segundo ciudadano estadounidense en ser llevado a juicio por espionaje en Rusia. El primero fue Gary Powers en 1960. Pope fue detenido por el FSB (Servicio Federal de Seguridad) en marzo de 1999 mientras intentaba conseguir ilegalmente los planos del torpedo Shkval, quizá el más rápido del mundo debido a que podía alcanzar una velocidad de 200 nudos.

¿Qué nieto de un presidente de los Estados Unidos tuvo una brillante carrera en la CIA?

Kermit Roosevelt, nieto del presidente Theodore «Teddy» Roosevelt. Cuando estalló la Segunda Guerra Mundial, Kermit se unió a la OSS, siendo destinado a Oriente Medio. Debido a su experiencia en la región, tras la guerra y la fundación de la CIA, Kermit Roosevelt fue destinado a esa zona para realizar operaciones encubiertas.

¿En qué famosa operación en Irán estuvo involucrado Kermit Roosevelt?

En 1951, cuando un grupo de jóvenes nacionalistas tomó el control del Parlamento de Irán, el Sha Mohamed Reza Pahlevi nombró a Mohamed Mossadegh como nuevo primer ministro. En julio de 1953 Roosevelt se reunió con el Sha, quien aprobó la operación conjunta CIA-MI6 con el nombre en código de «Ajax». En agosto de ese mismo año, el emperador anunció el cese de Mossadegh y el nombramiento del general Fazollah Zahedi como nuevo primer ministro. Mossadegh se negó a abandonar su puesto, y los disturbios arrasaron el país obligando al Sha a abandonar el país. La CIA y el MI6 asesoraron a las fuerzas a favor del Sha y con fondos de la CIA pagaron a las tropas fieles al emperador. Zahedi lideró una fuerza que expulsó a Mossadegh al exilio, lo que permitió el retorno del Sha. Las compañías petrolíferas occidentales consiguieron buenos contratos y Estados Unidos concedió una ayuda de 45 millones de dólares a Irán. Por el éxito de la operación «Ajax», Kermit Roosevelt recibió secretamente la Medalla de la Seguridad Nacional.

¿Qué provocó la dimisión de Kermit Roosevelt de la CIA?

Un intento fallido de golpe de Estado contra el coronel Gamal Abdel Nasser en Egipto. La idea fue de Roosevelt y autorizada por Allen Dulles, DCI desde 1953 a 1961. Tras el fallo, Roosevelt decidió presentar su dimisión en la agencia.

¿Qué otro nieto del presidente Theodore Roosevelt trabajó en la CIA?

Archibald Roosevelt. Sirvió en la CIA bajo cobertura de empleado de la *Voz de América*.

¿Qué padre de un famoso general estadounidense ayudó a Kermit Roosevelt en la operación «Ajax»?

H. Norman Schwarzkopf, antiguo jefe de la policía estatal de Nueva Jersey y famoso por haber trabajado en 1932 en el caso del secuestro del hijo del aviador Lindbergh. Schwarzkopf es el padre del general que lideró las tropas aliadas en la Guerra del Golfo contra Iraq en 1991. Kermit Roosevelt pidió a Schwarzkopf que retornase a Irán y dirigiese las tropas fieles al Sha en un golpe de Estado contra Mossadegh.

¿Qué oficial de la CIA realizó el mayor número de operaciones encubiertas en la Unión Soviética y la Europa del Este?

Harry Rositzke, oficial de la CIA para operaciones encubiertas en la Unión Soviética y la Europa del Este entre 1949 y 1954. Rositzke era un especialista en lenguas anglosajonas cuando se unió a la Oficina de Servicios Estratégicos (OSS) durante la Segunda Guerra Mundial. Tras la guerra comenzó a trabajar en la CIA y fue destinado a Múnich, desde donde dirigía las operaciones encubiertas contra la Unión Soviética. Entre 1957 y 1962 fue jefe de la estación de la CIA en Nueva Delhi. Desde 1962 hasta su jubilación en 1970, Rositzke se dedicó a reclutar diplomáticos soviéticos y de los países del Pacto de Varsovia. Entre las operaciones encubiertas que lideró está el lanzamiento de agentes ucranianos para operar contra agentes soviéticos.

¿Qué espía de la CIA destinado en la estación de Vietnam del Sur protestó formalmente por los fallos políticos de Estados Unidos en aquel país?

Frank W. Snepp. Tras graduarse en la Universidad de Columbia, Snepp entró en la CIA en 1965. Su primer destino fue el de analista de la agencia especializado en asuntos de la OTAN. Posteriormente, entre 1969 y 1971, se presentó voluntario para ser destinado a la estación de la CIA en Saigón. Su especialidad allí era la de preparar los interrogatorios a detenidos y preparar informes procedentes de informantes locales. Snepp regresó a Langley, desde donde fue destinado a la Fuerza Especial de Vietnam, pero al poco tiempo fue cesado por razones políticas. En 1972 realizó su segundo viaje a Vietnam, ayudando a la evacuación de la embajada de Estados Unidos en abril de 1975. En agosto de 1975 fue llamado al cuartel general de la CIA para ser ascendido y premiado por su «aptitud analítica» durante las fases finales de la guerra. Tres semanas más tarde, Snepp dimitió de la agencia después de haber intentado abrir un informe llamado *Después de la Acción,* en el que se analizarían los fallos de la CIA en el caso de Vietnam. En 1977 ese informe se convirtió en un libro de bastante éxito en el que criticaba abiertamente la participación de Henry Kissinger.

En las 580 páginas del volumen realizaba críticas abiertas al embajador Graham Martin, entre otros muchos.

¿Qué provocó el libro de Snepp?

La CIA declaró que Frank Snepp había violado su acuerdo secreto con la agencia y que había revelado secretos en su libro. En 1980 el Tribunal Supremo decidió a favor de la CIA y Snepp fue obligado a pagar 140.000 dólares de derechos a la propia CIA. En 1999 Snepp escribió en otro libro su batalla legal contra la CIA.

¿Qué novela escribió Frank W. Snepp?

La novela *Convergencia de intereses*, en 1980. La novela utiliza como fundamento o filo argumental la implicación de la CIA en el asesinato del presidente Kennedy. La CIA no encontró ningún problema legal, pero se opuso a que en el libro se citase el nombre de un antiguo agente encubierto. Snepp declaró que ese nombre ya salía en otro libro anterior y que, por tanto, no pensaba cambiarlo. Finalmente, la CIA aceptó el manuscrito. Cuando salió el libro publicado, Frank Snepp utilizó un seudónimo para el agente.

¿Qué oficial de la CIA fue el primer estadounidense en morir en Afganistán?

Michael «Johnny» Spann. El oficial pertenecía a la División de Actividades Especiales, la unidad de élite de la CIA.

Spann se encontraba dirigiendo interrogatorios a prisioneros talibanes en la prisión de Mazar-i-Sharif cuando el 25 de noviembre de 2001 comenzó una revuelta. Los prisioneros pudieron hacerse con pistolas y granadas y atacaron a los guerrilleros de la Alianza del Norte y a sus asesores estadounidenses. Spann y otro agente de la CIA abrieron fuego para intentar escapar del interior de la prisión, pero el agente fue herido de gravedad. La batalla por el control de la prisión duró cerca de tres días. Michael Spann, de 32 años, procedía de las Fuerzas Especiales estadounidenses cuando en 1999 se unió a la CIA. Estaba destinado en Afganistán desde hacía seis semanas.

¿Qué agente de la CIA fue muy criticado por sus compañeros debido a sus libros sobre la agencia?

John Stockwell. Nacido en África, Stockwell sirvió en el Cuerpo de Marines con el rango de mayor, hasta que en 1964 se incorporó a la CIA. Fue destinado a varios países de África y a Vietnam del Sur entre 1973 y 1975. Tras su regreso a Estados Unidos en 1975, fue nombrado jefe de la Fuerza Especial de la CIA en Angola. La principal tarea de la Fuerza Especial era detener el avance de soviéticos y chinos en esa zona del mundo. Desilusionado con la política estadounidense, John Stockwell dimitió de la CIA en 1976. Desde ese momento se convirtió en uno de los mayores críticos de las actividades de la CIA en el mundo a través de una serie de libros bastante polémicos. Entre los más importantes cabe citar *En busca del enemigo: Una historia de la CIA* (1978), en el que expone las actividades de la CIA en África, o *La guar-*

dia pretoriana: El papel de los Estados Unidos en el Nuevo Orden Mundial (1990). Más tarde se dedicó a atacar la política exterior de los presidentes Reagan y Bush. John Stockwell fundó la llamada Asociación para la Responsabilidad de Disidentes, una organización que agrupaba a antiguos funcionarios de la CIA y del Gobierno que estuviesen dispuestos a criticar abiertamente las actividades de los órganos de inteligencia de Estados Unidos.

¿Qué oficial de la CIA fue asesinado por las revelaciones de otro ex agente de la CIA?

Richard S. Welch, asesinado el 23 de diciembre de 1975 en Atenas, tras las revelaciones hechas por Phillip Agee, un antiguo agente de la CIA, quien hizo pública una lista de agentes en el mundo con el fin de «neutralizarlos». Welch era por aquel entonces jefe de la estación de la CIA en la capital griega. En noviembre de 1975, gracias a la información de Agee, el *Athenas Times* identificó al jefe de estación, así como su lugar de residencia. El 23 de diciembre, cuando Welch salía de su casa, unos pistoleros de la «Organización Revolucionaria 17 de Noviembre» le dispararon. El cuerpo de Welch fue repatriado a Estados Unidos y enterrado en el Cementerio Nacional de Arlington.

Capítulo 4
TRAIDORES

¿Qué famoso espía de la CIA fue detenido el 21 de febrero de 1994 acusado de pasar información a los soviéticos?

ALDRICH H. AMES, oficial del contraespionaje había estado espiando para el KGB soviético y después para el SVR (*Sluzhba Vneshney Razvedki*), el Servicio de Inteligencia Exterior ruso, desde 1985. Los oficiales de seguridad de la CIA sabían que dentro de ella había un topo (Mole), pero les fue imposible detectarlo, hasta que, en febrero de 1994, Ames fue detenido.

¿Cuántas operaciones encubiertas de la CIA desveló Ames al KGB y posteriormente al SVR?

Durante nueve años, Ames reveló cerca de un centenar de operaciones y los nombres de casi 30 operativos que trabajaban para la CIA y otras agencias de espionaje occidentales en Rusia. Como resultado de estas revelaciones, diez agentes rusos que trabajaban para la CIA fueron ejecutados.

¿Qué famoso agente fue fusilado por la información dada por Aldrich Ames?

El general Dimitri Polyakov, oficial del GRU, la inteligencia militar rusa y que había espiado para Estados Unidos en los últimos veinte años.

¿Cuál fue la primera información vendida por Aldrich H. Ames a los rusos?

Víctor Cherkashin, un oficial retirado del KGB, reveló en 1997 que la primera información vendida por Ames al KGB fue la lista de agentes dobles rusos que trabajaban para la CIA y que estaban destinados en la embajada de Rusia en Washington.

¿Qué otras dos informaciones entregó por dinero Ames a los rusos?

La situación de los túneles que permitían a los espías de la CIA escapar del centro de Moscú hacia las afueras y el llamado «Proyecto Absorber», que consistía en anular los números y códigos que portaban las cabezas nucleares que llevaban los misiles intercontinentales rusos.

¿Cuánto dinero recibió Aldrich H. Ames del KGB/SVR por sus informaciones?

2.700.000 dólares (2.250.000 €).

¿Qué levantó las primeras sospechas de la CIA sobre Aldrich H. Ames?

El hecho que pagase en efectivo 540.000 dólares (450.000 €) por su casa y 40.000 dólares (33.333 €) por un Jaguar XJ6 de color rojo, cuando su sueldo anual era de 69.483 dólares (57.902 €).

¿Cuándo comenzó la caza del topo (Aldrich Ames) en la CIA?

En 1986, cuando dos agentes soviéticos que habían sido reclutados por el FBI fueron ejecutados. No fue hasta 1991, cuando el FBI junto a la CIA lanzaron una operación que llevó por nombre «Daga» y que consistía en localizar al topo. En la lista de veinte sospechosos aparecía el nombre de Aldrich H. Ames.

¿A qué división de la CIA fue trasladado Ames tras aparecer como sospechoso?

A la división de lucha contra el tráfico de drogas de la CIA. En esa división le era imposible acceder a documentos secretos.

¿Qué condena recibió Aldrich H. Ames y su esposa colombiana, Rosario?

Ames fue condenado a cadena perpetua sin posibilidad de ser puesto en libertad bajo palabra. Su esposa fue condenada a sesenta y tres meses de cárcel y puesta en libertad tras cumplir cuarenta y dos meses.

¿Qué decisión tomó el Congreso de Estados Unidos con relación a los agentes soviéticos que trabajaban para la CIA y que fueron ejecutados tras ser descubiertos por las informaciones suministradas por Aldrich H. Ames?

Se decidió conceder la nacionalidad estadounidense a sus viudas e hijos, así como una pensión perpetua del fondo de antiguos oficiales de la CIA a las viudas.

¿Qué agente de la CIA confesó en marzo de 1997 haber estado espiando para los rusos?

Harold J. Nicholson. El agente de la CIA que tenía acceso a información delicada de la agencia, se convirtió en el oficial de más alto rango en ser convicto de espionaje para una potencia extranjera. Nicholson fue sentenciado a veintitrés años y siete meses de cárcel después de ser declarado culpable de todos los cargos. El Tribunal que lo juzgó ordenó que el ex espía cumpliese toda su condena sin posibilidad de ser puesto en libertad bajo palabra en el futuro. Nicholson era hijo de un oficial de las Fuerzas Aéreas y se había graduado en la Universidad de Oregón. En 1980 se unió a la CIA y fue destinado a las estaciones en Manila y Bangkok. En 1990 fue nombrado jefe de la estación en Bucarest y en 1992 enviado a Malasia. Fue allí donde se hizo espía de los rusos.

¿Cuánto dinero recibió Harold J. Nicholson del KGB/SVR por sus informaciones?

300.000 dólares (250.000 €).

¿Qué información delicada pasó Nicholson a los rusos?

La lista de agentes extranjeros que operaban en Rusia y la de agentes locales que trabajaban para la CIA en Moscú.

¿Qué información sobre operaciones de la CIA en el extranjero pasó Nicholson a los rusos?

Informaciones sobre operaciones de la CIA en Francia, India, Japón, Italia e Iraq.

¿Qué provocó la información entregada por Nicholson al SVR sobre Iraq?

Puso al descubierto una operación de la CIA con la guerrilla curda. Los servicios secretos de Sadam Husein ejecutaron a casi un centenar de curdos acusados de colaborar con la CIA.

¿Qué puesto ocupaba Nicholson en la CIA cuando fue detenido?

Con dieciséis años en la CIA, Harold J. Nicholson era jefe de la División de Contraterrorismo de la agencia.

¿Cuándo fue detenido Harold J. Nicholson?

El 16 de noviembre de 1996, cuando se disponía a tomar un vuelo en el aeropuerto Dulles de Washington D. C. rumbo a Suiza. Durante el registro al que se le sometió por parte del FBI se le encontraron diez rollos de película que contenían documentos clasificados de la CIA y un disco de ordenador con un programa ruso para encriptar mensajes.

¿Cómo se descubrió a Nicholson?

Cuando la seguridad de la CIA descubrió que tras cada viaje al extranjero, Harold J. Nicholson hacía ingresos en su cuenta bancaria sin ningún tipo de explicación de la procedencia del dinero.

¿Cuándo se detectaron por primera vez estos ingresos de dinero?

En 1994, cuando Nicholson, que era jefe adjunto de la estación de la CIA en Malasia, autorizó sin razón aparente reuniones con oficiales de inteligencia rusos. Después de una reunión detectada por la seguridad de la CIA entre un espía ruso y Nicholson, este ingresó en su cuenta 12.000 dólares (10.000 €).

¿Qué instaló el FBI en el despacho de Nicholson en la CIA?

Una cámara. En las grabaciones presentadas durante el juicio se podía observar a Harold J. Nicholson colocando documentos clasificados sobre su mesa y fotografiándolos.

¿Qué pidió Harold J. Nicholson al SVR, sucesor del KGB?

Un aumento de sus honorarios y convertirse en sustituto de Aldrich H. Ames, detenido en 1994.

¿Cuál era el nombre en código de Harold J. Nicholson en el SVR?

Nevil R. Strachey.

¿Qué agente de la CIA fue considerado un traidor por sus antiguos compañeros?

Philip Agee. En 1957 se unió a la CIA tras graduarse en la Universidad de Notre Dame. Fue enviado como oficial de operaciones a Uruguay desde 1963 a 1966 para apoyar las operaciones encubiertas contra Cuba y para asesorar a las fuerzas de seguridad locales. En 1967 fue enviado a México. Finalmente, dimitió de la CIA en 1969.

¿Qué libro escribió Agee en el que desvelaba operaciones encubiertas de la CIA?

Inside the Company: CIA Diary (Dentro de la Compañía: Diario de la CIA).

¿Por qué fue tan delicado el libro de Agee para la CIA?

Porque en él revelaba el nombre de casi 2.500 agentes y oficiales de la CIA, estadounidenses y extranjeros, que operaban en diferentes países. Asimismo, en el libro criticaba abiertamente a jefes de la CIA y políticos por las operaciones realizadas por la compañía en Latinoamérica.

¿Qué artículo escribió Philip Agee en la revista *Counter-Spy*?

Llevaba por título «Neutralización», y en él daba nombres y apellidos de agentes y oficiales de la CIA en activo, así como los destinos que tenían en ese momento.

¿Qué oficial de la CIA fue asesinado por el artículo de Philip Agee?

Richard Welch, jefe de la estación de la CIA en Atenas. Tras la aparición del artículo de Agee, el diario *Athens News* se hizo eco del reportaje de *Counter-Spy* y en noviembre de 1975 consiguió fotografiar a Welch saliendo de la embajada de Estados Unidos. El 23 de diciembre de 1975 tres hombres armados le dispararon en la cabeza cuando salía de su casa. El atentado fue reivindicado por la llamada «Organización Revolucionaria 17 de Noviembre». El cuerpo de Welch reposa en el cementerio de Arlington. El oficial asesinado fue condecorado por el presidente Gerald Ford.

¿Qué provocó ese artículo?

El Congreso de Estados Unidos aprobó la Ley 97-200, llamada *Acta de Protección de Identidades de Inteligencia de 1982*. Esta convertía en delito federal la revelación de identidades de agentes de la comunidad de inteligencia estadounidense.

¿En qué otro libro el ex agente expuso el nombre de 841 agentes de la CIA, hombres y mujeres?

Dirty Work. The CIA in Western Europe (1978).

¿Qué medidas adoptó el Gobierno de Estados Unidos contra Philip Agee?

En 1981 la Corte Suprema de Estados Unidos le negó el pasaporte estadounidense. Agee fue más tarde expulsado de Gran Bretaña, Francia, Alemania y Holanda.

¿Qué ofrecimiento hizo Philip Agee a los iraníes cuando estos asaltaron la embajada de los Estados Unidos en Teherán?

Analizar los documentos de la CIA intervenidos en la legación diplomática. Los iraníes rechazaron la oferta.

¿Dónde reside actualmente Philip Agee?

En La Habana, en donde es propietario de una agencia de viajes. Según un oficial desertor de los servicios secretos cubanos, Agee recibió desde su salida de la CIA y hasta 1987 un millón de dólares o más del espionaje castrista.

¿Qué analista de la inteligencia de las Fuerzas Aéreas fue detenida por alta traición?

Samillah Ahadi. Nacida en 1919 en Estados Unidos de padres sirios, Ahadi contrajo matrimonio con un trabajador egipcio nacionalizado estadounidense. Con veinticinco años de servicio en la sección de análisis de inteligencia de las Fuerzas Aéreas, Ahadi se convirtió en espía de los servicios secretos egipcios por cuestiones ideológicas. La mujer comenzó sus tareas de espionaje a favor de Egipto en 1967 cuando ocupaba el cargo de jefe de la División de Inteligencia del Cuartel General de la 21.ª Fuerza Aérea. Cuando fue detenida, la espía alegó que tan solo había pasado a los egipcios un documento secreto y dos con categoría de confidenciales. Curiosamente, Samillah Ahadi no fue nunca juzgada, aunque fue obligada a retirarse por «razones psiquiátricas».

¿Qué militar estadounidense, que trabajaba para el espionaje filipino, fue detenido por la inteligencia militar gracias a la CIA?

Michael H. Allen, radiotelegrafista jefe de la Marina. Allen fue detenido en diciembre de 1986 y acusado de realizar tareas de espionaje para el PC, la división de inteligencia militar de las Fuerzas Armadas de Filipinas. El militar había servido en la Marina entre 1950 y 1972 y posteriormente comenzaría a trabajar en una empresa privada de telecomunicaciones. Allen había pasado al PC informes de la CIA sobre movimientos guerrilleros en Filipinas. Fue sentenciado a ocho años de prisión y a pagar una multa de 10.000 dólares.

¿Qué oficial de la Marina espiaba para los servicios secretos sudafricanos?

Stephen A. Baba. El oficial enviaba, vía correo, documentos clasificados sobre guerra electrónica a la embajada de Sudáfrica en Washington que después estos retornaban nuevamente a la CIA. En septiembre de 1981, Baba que estaba destinado en un buque lanzamisiles en el puerto de San Diego, fue detenido. En enero de 1982 fue sentenciado a ocho años de trabajos forzados, aunque solo cumplió dos. Stephen A. Baba declaró que lo hacía por dinero para poder traer a su novia filipina a Estados Unidos.

¿Quién fue el primer oficial de la CIA en ser acusado de espionaje?

David Barnett. Graduado en la Universidad de Michigan, Barnett se unió a la CIA en 1958 sirviendo como analista en Corea del Sur y Washington. Después de dos años como oficial en el Directorio de Operaciones de la CIA, en Langley, en 1967 fue asignado bajo cobertura diplomática a Surabaya, Indonesia. En 1960 el país asiático había recibido millones de dólares en material militar soviético. Barnett entregó información clasificada a los soviéticos entre el 31 de octubre de 1976 y el 27 de febrero de 1977 tras mantener diversos encuentros con el KGB en Yakarta y Viena. Barnett dimitió de la CIA en 1970, pero continuó su relación con la Agencia, mientras inauguraba un negocio de importación-exportación de muebles indonesios. Fue durante esa época cuando Barnett entregó al KGB las más importantes informaciones.

¿Cuál fue la información más importante entregada por Barnett al KGB?

La lista de 30 agentes de la CIA que operaban bajo falsas identidades en Rusia y el nombre de siete soviéticos que iban a ser reclutados por la CIA en el Consulado soviético en Surabaya.

¿Cuándo fue detenido David Barnett?

En octubre de 1980. Recibió del KGB, 92.000 dólares (76.666 €) por todas las informaciones pasadas a los soviéticos. Barnett fue acusado de espionaje el 18 de enero de 1981 y sentenciado a dieciocho años de prisión. En 1991 fue puesto en libertad bajo palabra. El caso de David Barnett fue la más profunda infiltración del KGB en la CIA durante años.

¿Qué empleado de la Hughes Aircraft Corporation fue acusado de espionaje?

William H. Bell. El estadounidense pasó información secreta a Marian Zacharski, miembro de los servicios secretos polacos, sobre diseño de aviones de combate de Estados Unidos. Por el material suministrado, Bell recibió 110.000 dólares en efectivo más 60.000 dólares en monedas de oro.

¿Cómo fue detectado Bell?

En 1981 un funcionario polaco de la ONU desertó e informó al FBI sobre las actividades del espionaje de Polonia en los Estados Unidos. El desertor dijo que Zacharski era realmente un oficial del KGB y que un ingeniero de la Hughes Aircraft Corporation estaba pasándole información. Bell fue detenido por el FBI y obligado a grabar conversaciones con Zacharski. Finalmente, ambos fueron detenidos. Marian Zacharski fue condenado a cadena perpetua y William Bell a ocho años de prisión.

¿Cómo se llamaba el sargento de las Fuerzas Aéreas acusado de espiar para los soviéticos?

Sargento Herbert Boeckenhaupt. El militar estaba asignado al Cuartel General del Comando Aéreo en el Pentágono.

En 1967 Boeckenhaupt fue detenido acusado de vender secretos al Glavnoye Razvedyvatelnoye Upravlenie (GRU), el servicio de inteligencia militar de la Unión Soviética. El militar fue acusado, juzgado y condenado a treinta años de prisión. Herbert Boeckenhaupt fue descubierto por un agente del GRU, el general Dimitri Polyakov, que realmente trabajaba para la CIA.

¿Qué ciudadano estadounidense vendió secretos de satélites espías a los soviéticos?

Christopher Boyce junto a Andrew Lee vendieron secretos al KGB de los proyectos desarrollados por el TRW, uno de los mayores contratistas del Gobierno estadounidense en materia de desarrollo de satélites espías y situado en Redondo Beach, California. Boyce se ocupaba de robar la información sobre los satélites y Lee se ocupaba de entregarlos al contacto del KGB en la embajada soviética en México y Viena. Los soviéticos habían prometido a Boyce la ciudadanía de la Unión Soviética al final de su misión, así como una pensión de por vida. Lee fue detenido por el FBI y durante el interrogatorio acusó a Christopher Boyce. Boyce y Lee recibieron del KGB cerca de 70.000 dólares (58.000 €) por las informaciones suministradas. Los dos espías se convirtieron en una celebridad cuando en 1979 se estrenó la película *El halcón y el hombre de nieve,* dando vida a Boyce y Lee los actores Timothy Hutton y Sean Penn. En 1980 Boyce consiguió escapar de la prisión federal de Lompoc, California y se dedicó a robar 17 bancos en Idaho, Montana. En agosto de 1981 fue nuevamente detenido por el FBI. Por su evasión el jurado lo condenó a tres años de cárcel, más otros veinticinco por el asalto a 17 bancos. Los veintiocho años fueron sumados a la condena que había recibido por actos de espionaje contra los Estados Unidos. Él podrá conseguir la libertad bajo palabra en el 2046. Lee fue puesto en libertad bajo palabra en 1998.

¿A qué se llamó la operación Sexo por Secretos?

En 1987 el cabo Arnold Bracy, del destacamento de Marines destinados a la protección de la embajada de Estados Unidos en Moscú, fue detenido por agentes de la CIA y del Servicio de Investigación Naval (NIS) cuando descubrieron que este y otros 18 marines habían estado pasando información de medidas de seguridad de la legación diplomática a mujeres soviéticas con las que mantenían relaciones sexuales. Bracy se acostaba con la cocinera de un diplomático estadounidense.

¿Quién entregaba documentos secretos de la CIA a los servicios secretos filipinos?

Joseph G. Brown. Antiguo tripulante de aviones de transporte de las Fuerzas Aéreas, Brown fue condenado a seis años de prisión. La investigación contra Brown comenzó en abril de 1991, después de una auditoría interna de seguridad de la CIA a los empleados de la embajada de Estados Unidos en Manila. Allí descubrieron que los documentos habían sido pasados por Virginia Jean Baynes, empleada de la CIA en Manila, a Brown. Los documentos incluían informes de la

CIA sobre inteligencia terrorista en Iraq durante la guerra del Golfo Pérsico en 1991, así como sobre complots de asesinato por parte de un grupo rebelde filipino. Baynes fue encontrada culpable de espionaje en mayo de 1992 y condenada a cuarenta y un meses de prisión.

¿Qué técnico experto en electrónica fue acusado de espionaje?

El oficial de Tercera Clase, Russell P. Brown, que estaba destinado en el portaviones *Midway* y empleado en la sección de guerra electrónica del buque. Su socio en las tareas de espionaje era un marinero llamado James R. Wilmorth. Brown fue detenido y condenado a diez años de trabajos forzados. Wilmorth, quien había entregado el material clasificado a un oficial soviético del KGB, fue sentenciado en octubre de 1989 a treinta y cinco años de prisión.

¿Qué militar de las Fuerzas Aéreas se ofreció como espía al servicio de espionaje de Alemania del Este?

Edward O. Buchmann. En 1985, siendo estudiante en el 3.463 Escuadrón de Entrenamiento de Mantenimiento de Armas y Municiones en la base aérea de Lowry, Colorado, se ofreció como espía a los servicios de espionaje de Alemania del Este y al KGB. Agentes de la Oficina de Investigaciones Especiales de las Fuerzas Aéreas y agentes del FBI realizaron una investigación contra Buchmann. El militar fue juzgado por una Corte Marcial y sentenciado a treinta meses de cárcel y a ser expulsado de las Fuerzas Aéreas de forma deshonrosa.

¿Qué militar de la división de Inteligencia de las Fuerzas Aéreas espió para el servicio de espionaje de Alemania del Este?

El sargento Jeffrey Carney. El militar estaba destinado en la ultrasecreta Agencia de Seguridad Nacional, NSA. Su departamento estaba encargado de las escuchas de comunicaciones de los países del Este. Desde Berlín, Carney fue destinado a la base de las Fuerzas Aéreas de Goodfellow en Texas. Sospechando que podía ser detenido, en 1985 Jeffrey Carney desertó de las Fuerzas Aéreas y huyó a Alemania Oriental. Los investigadores descubrieron que el militar había copiado documentos «clasificados» y entregados a la Stasi. En 1991, Carney fue detenido mientras se encontraba refugiado en Berlín Oriental. Carney fue juzgado por espionaje, alta traición, conspiración y deserción por una Corte Marcial y condenado a treinta y ocho años de prisión.

¿Qué estadounidense intentó vender secretos del superbombardero B2 Stealth a los soviéticos?

Thomas P. Cavanagh. El traidor había servido como especialista en electrónica en la Marina. Tras abandonar la vida militar, Cavanagh entró en la compañía Hughes Aircraft Corporation hasta 1981, en que cambió nuevamente de trabajo incorporándose a la Northrop. Allí entró en la división de sistemas avanzados. Con necesidad urgente de conseguir dinero, el especialista llamó por teléfono en 1984 al consulado soviético en San Francisco e intentó ofrecer documentos clasificados a un oficial del KGB. Él tenía deudas por 25 créditos bancarios, así como una factura impagada de 17.000 dólares del Club Med. Tras descubrir las intenciones de Thomas P. Cavanagh, un agente del FBI, haciéndose pasar por soviético, convocó una reunión en el Motel Cacatúa, cerca de Los Ángeles, el 10 de diciembre de 1984. En esa primera reunión el técnico entregó al agente del FBI documentos sin importancia. En la segunda entregó documentos de «alto secreto» del bombardero B2. Por esos documentos, el FBI entregó a Cavanagh 25.000 dólares. El traidor ofreció información valiosa al supuesto oficial del KGB a cambio de recibir cada mes 25.000 dólares durante diez años. En la tercera reunión, Cavanagh fue detenido por el supuesto agente del KGB. El 14 de marzo de 1985 fue encontrado culpable de dos cargos de espionaje y sentenciado a cadena perpetua.

¿Qué ciudadano estadounidense de origen chino espió para China durante décadas?

Larry Wu-Tai Chin. Analista de la CIA, nacido en China aunque criado en Estados Unidos. Entre 1948 y 1952 Chin estuvo destinado en el Ejército de Estados Unidos en Shanghai y Hong Kong. El espía fue trasladado al Servicio de Información de Radios Extranjeras donde se ocupaba de traducir y analizar documentos clasificados. A comienzos de 1952 Chin comenzó a entregar documentos a China. Estas primeras informaciones facilitaron la localización de prisioneros chinos en la Guerra de Corea. Larry Wu-Tai Chin fue recompesado con 180.000 dólares. En 1985 Chin fue detenido por el FBI en Washington D. C. y en febrero de 1986 acusado de 17 cargos de espionaje para un país extranjero, conspiración y fraude. El 21 de febrero de 1986 Chin, antes de escuchar su sentencia de cadena perpetua, se suicidó en su celda colocándose una bolsa de plástico en la cabeza. Larry Wu-Tai Chin tenía sesenta y tres años.

¿Qué desertor fue detenido antes de que entregase secretos militares a los soviéticos?

Alan D. Coberly. Desertor del Cuerpo de Marines de Estados Unidos, se dirigía caminando hacia la embajada de la Unión Soviética en Manila en junio de 1983 cuando fue detenido por agentes de la inteligencia militar y de la CIA. Tenía en su poder documentos clasificados. Coberly fue sentenciado a dieciocho meses de trabajos forzados más una pena extra por mala conducta.

¿Quién ha sido el único miembro del Congreso de Estados Unidos acusado de espiar para los soviéticos?

Samuel Dickstein. Miembro del Congreso entre 1923 y 1944, fue uno de los fundadores del llamado Comité de Actividades Antiamericanas. Nacido en Lituania, con seis años llegó con sus padres a Estados Unidos. En 1923 ganó las elecciones por el partido Demócrata para ocupar un asiento en el Congreso, siendo este el primero de sus once mandatos. Sencillamente, Dickstein espió por dinero para la Unión Soviética tras realizar una llamada telefónica en 1937 a su embajada en Washington. El congresista se confesó un admirador del sistema comunista soviético y dijo seguidamente que necesitaba entre cinco mil y seis mil dólares. Samuel Dickstein estableció un acuerdo económico con el espionaje ruso por el que recibiría 1.250 dólares por mes por material documental y por informes del Congreso. Poco después, los soviéticos dijeron a Dickstein que querían renegociar, pero este, furioso, les dijo que era mejor tratado por los servicios de inteligencia polaco y británico. Por fin, en 1940 Moscú rompió con el congresista tras haberle pagado 12.000 dólares de la época, o lo que es lo mismo, unos 133.000 dólares actuales. Murió en 1951, manteniendo su cargo de juez.

¿Qué analista espió para los servicios secretos sudafricanos?

Thomas J. Dolce. Analista civil en el Ejército de Estados Unidos, Dolce suministró documentos clasificados a Sudáfrica entre 1979 y 1983. Los documentos eran básicamente análisis de la maquinaria bélica de la Unión Soviética. En 1988 Dolce fue encontrado culpable de hasta 40 cargos de espionaje al haber entregado varios documentos al agregado militar de la embajada sudafricana en Washington. En abril de 1989 fue sentenciado a diez años de prisión y a una multa de 5.000 dólares.

¿Quién fue el primer afroamericano acusado de espionaje?

Nelson C. Drummond. El marinero estaba destinado en el cuartel general de las Fuerzas Navales estadounidenses en Londres. Drummond tenía acceso a documentos «clasificados», de «alto secreto» y «cósmicos». Un agente soviético descubrió que el marinero era un ludópata. Una noche de 1957 el agente del KGB se acercó a Nelson Drummond y lo reclutó. Debido a la salida masiva de documentos, la CIA y el servicio de inteligencia naval comenzaron a seguir a varios miembros del personal civil y militar. En 1958 Drummond fue destinado a varias bases en Boston, Norfolk y Newport desde donde siguió pasando documentos secretos al KGB y al GRU, el servicio de espionaje militar soviético. Drummond fue descubierto en 1963, juzgado y condenado por espionaje a cadena perpetua. Por sus seis años como espía de la Unión Soviética recibió 28.000 dólares.

¿Qué agente de la CIA se suicidó antes de ser capturado?

Waldo H. Dubberstein. Empleado retirado de la CIA, fue encontrado muerto el día antes de ser acusado de vender secretos militares a Libia. La carrera de Dubberstein comenzó en la división de Oriente Medio. Empezó a trabajar para la CIA cuando esta se creo en 1947. Después de abandonar la agencia en 1970, él trabajó para la Agencia de Inteligencia de Defensa (DIA). Sería aquí donde Dubberstein se asoció con un antiguo oficial de la CIA, Edwin Wilson. Este último había sido acusado de intentar asesinar a varios testigos de sus tratos para vender ilegalmente armas a Libia. Dubberstein negó los cargos contra él, pero justo un día antes de ser acusado formalmente, el 29 de abril de 1973, las autoridades encontraron su cadáver. Se había pegado un tiro en la sien.

¿Qué militar condecorado y enterrado en el Cementerio Nacional de Arlington era un espía de los soviéticos?

El sargento Jack F. Dunlap. Héroe de la Guerra de Corea, fue destinado a la Agencia de Seguridad Nacional como chófer del mayor general Garrison Cloverdale, asistente al director de la NSA. Dunlap fotografió durante años los documentos que portaba a su casa el general Garrison y los pasó microfilmados a los soviéticos. A pesar de ser suboficial del Ejército, estar casado y ser padre de cinco hijos, Dunlap adquirió una lancha, un jaguar y el último modelo de Cadillac. Nunca los agentes de la NSA sospecharon del sargento Dunlap debido a que era un militar condecorado. Los test a los que fue sometido en el polígrafo demostraron que había realizado robos de pequeña importancia y que tenía una conducta inmoral. Por ello, fue relevado y enviado a un destino sin importancia. Cuando dio comienzo la investigación contra él, el sargento Dunlap intentó suicidarse con píldoras para dormir. Como no daban resultado, condujo su vehículo hasta una zona deshabitada y se suicidó inhalando monóxido de carbono. El cuerpo de Dunlap fue descubierto y enterrado con honores militares en Arlington. Su viuda entregó al FBI documentos de «Alto Secreto» que había descubierto bajo la alfombra del despacho de su marido.

¿Qué oficial de las Fuerzas Aéreas fue detenido por espionaje?

El capitán George French. En 1957 fue detenido acusado de intentar vender secretos de las armas nucleares estadounidenses a los soviéticos. French ofreció sus servicios al KGB soviético enviando una carta desde la base en la que estaba destinado a la embajada soviética en Washington. La carta fue interceptada por el FBI que puso al militar bajo vigilancia. Una corte marcial secreta condenó al capitán George French a cadena perpetua. Los detalles del caso jamás fueron revelados.

¿Qué oficial del Ejército de Estados Unidos fue acusado de pérdida importante de documentos clasificados?

James W. Hall. El oficial destinado en Berlín era especialista en guerra electrónica y en señales de inteligencia. Al parecer, Hall perdió o entregó su maletín con documentos y fotografías relativas a satélites estadounidenses, planes de guerra de la OTAN y prácticas de escuchas y fotografías de ingenios electrónicos. La mayor parte de este material era utilizado en guerra electrónica contra las fuerzas del Pacto de Varsovia. Hall fue detenido, tras haber estado realizando tareas de espionaje para la Alemania Oriental desde 1982 a diciembre de 1988. Su enlace era un mecánico nacido en Turquía y que trabajaba en una base del Ejército de Estados Unidos en Berlín. James W. Hall levantó sospechas cuando adquirió un rancho por 92.000 dólares cuando su salario anual en el Ejército era de 21.221 dólares. En marzo de 1989 Hall fue sentenciado a cuarenta años de prisión, a pagar una multa de 50.000 dólares y a ser expulsado del Ejército con deshonor.

¿Qué traidor y espía de la NSA acabó recluido en un hospital mental de la Unión Soviética?

Victor N. Hamilton. Árabe hablante y especialista en Oriente Medio, Hamilton trabajaba como botones en un hotel cuando fue reclutado por un agente de la inteligencia militar estadounidense para la NSA en 1957. Hamilton, cuyo verdadero apellido era Hindah, había nacido en Libia, pero cuando conoció a una estadounidense se trasladó a Estados Unidos, se casó con ella y posteriormente se nacionalizó estadounidense. Al entrar en la NSA se le realizó un chequeo médico, gracias al cual se le diagnosticó un desorden mental, pero como dominaba el árabe se le permitió seguir en activo. Hamilton trabajaba en la sección de Oriente Medio, interceptando comunicaciones de la República Árabe Unida de Egipto y Siria. En junio de 1959 los desórdenes mentales de Hamilton llegaban ya a la esquizofrenia-paranoica, por lo que fue despedido de la NSA. En 1962 la CIA detectó una «fuerte hemorragia» de documentos de la NSA a la Unión Soviética sin saber cómo había sucedido. En junio de 1963 Victor N. Hamilton reapareció en Moscú revelando una importante cantidad de secretos de la NSA, que fueron publicados en el diario *Izvestia*. Después de una gran publicidad,

Hamilton volvió a desaparecer sin dejar el menor rastro. En 1992 fue encontrado gracias al llamado «Proyecto Arca» que se ocupa de la localización de prisioneros de guerra estadounidenses, declarados prisioneros o desaparecidos en acción. El ex espía de la NSA se encontraba recluido en el Hospital Especial número 5 en Troitskoye, a 45 kilómetros al sudeste de Moscú. Hamilton no reconoció a sus visitantes debido a la avanzada paranoia que sufría. Los médicos dijeron que este se negó a recibir tratamiento. Murió en 1998 a los ochenta y un años de edad en la misma habitación del hospital donde había vivido en su mundo los últimos quince años.

¿Quién fue el traidor que más años estuvo espiando para la KGB primero y el SVR después?

Robert P. Hanssen, especialista en contraespionaje. Hanssen espió para la Unión Soviética y Rusia durante más de veinte años. Los rusos pagaron sus servicios en diamantes y con 600.000 dólares. En 1990 Mark Wauck, el cuñado de Hanssen y también agente del FBI, supo que la esposa de este había descubierto un fajo de billetes por valor de 5.000 dólares en un traje que debía llevar al tinte. Wauck reveló este dato a su supervisor, pero nunca se cuestionó a Hanssen sobre el dinero. Durante sus veinticinco años en el FBI, Robert Hanssen fue destinado a contrainteligencia en Nueva York y Washington trabajando en el Cuartel General del FBI y en el Departamento de Estado. Estos destinos permitían a Hanssen tener acceso a una gran variedad de documentos ultrasecretos, incluyendo el túnel abierto por la

CIA bajo el edificio de la embajada soviética en Washington. Finalmente, fue detenido el 18 de febrero de 2001 cuando intentaba depositar un sobre con documentos secretos en un lugar elegido en Virginia. El 6 de julio fue encontrado culpable de espionaje y condenado a cadena perpetua.

¿Qué información importante suministró Hanssen a los rusos?

El daño provocado por Robert Hanssen fue incalculable. El agente del contraespionaje suministró al KGB y al SVR información sobre estrategia en guerra nuclear, desarrollo de armas y casos de espionaje perpretados por la CIA en el extranjero. Su nombre clave era «Ramón» y «Ramón García».

¿Qué ingeniero electrónico pasó información de «alto secreto» a los servicios secretos polacos?

James D. Harper. Ingeniero electrónico, Harper vendió información relativa a sistemas electrónicos de guía de misiles balísticas estadounidenses a la SB (Sluzba Bezpieczenstwa), el servicio secreto de la Polonia comunista y controlada por el KGB. En 1975, William Hugle, un socio de Harper, presentó a este a dos polacos que deseaban adquirir material militar de Estados Unidos, incluidos tanques lanzamisiles. En julio de 1979, durante un viaje a Varsovia, se reunieron con Zdzislaw Przychodzien, el más alto ejecutivo de la división militar del Ministerio de Industria de Polonia. Przychodzien era también teniente coronel del SB. Harper comenzó a entregar a los polacos y al KGB secretos militares de Estados Unidos. Pronto, la novia de Harper, Ruby Louise Schuler, secretaria en la firma System Control (SCI), en Palo Alto (California), comenzó a robar secretos de su empresa para entregárselos a Harper. La SCI desarrollaba un sistema para los misiles balísticos que los hiciese menos vulnerables a los antimisiles soviéticos. En junio de 1980 Harper entregó una maleta entera llena de documentos secretos a Zdzislaw Przychodzien. Para analizarlos fueron necesarios veinte expertos del KGB. En septiembre de 1981 Harper decidió llamar de forma anónima al fiscal con la intención de conseguir inmunidad si se convertía en agente doble, pero la CIA tenía ya en su punto de mira al ingeniero. En octubre de 1983 James Harper fue detenido, juzgado y condenado a cadena perpetua. Ruby Louise Schuler murió en junio de 1983. Hugle, el que era socio de Harper y que se presentaba al Congreso por el Partido Demócrata, decidió huir del país para no tener que dar explicaciones.

¿Qué oficial de la Marina experto en criptología fue detenido por cargos de espionaje?

Joseph G. Helmich. Destinado en París entre 1962 y 1964, Helmich custodiaba los códigos del Ejército. El militar se hizo espía voluntario del KGB a cambio de dinero. Los primeros informes secretos pasados a los soviéticos eran documentos de la OTAN, de la embajada de Estados Unidos en París, comunicaciones militares y códigos secretos de acceso a esas comunicaciones. Helmich vendió a los soviéticos el manual de mantenimiento, la información técnica, rotores y códigos de acceso al sistema de encriptado KL-7. Este era el sistema utilizado por el alto mando estadounidense para comunicarse con sus bases en Europa y con los agregados militares destinados en sus embajadas. Las tareas de espionaje continuaron cuando Joseph Helmich fue destinado a Fort Bragg, en Carolina del Norte. Esta vez el traidor vendía información a cambio de dinero en efectivo. El FBI no encontró pruebas contra Helmich hasta junio de 1980. En enero de 1981 Joseph Helmich necesitaba dinero para montar una compañía en Ottawa, de modo que decidió ponerse en contacto con la embajada soviética en Canadá. Puesto bajo vigilancia por el servicio de inteligencia canadiense, pasaron la información al FBI. Helmich fue detenido, juzgado por espionaje y condenado a cadena perpetua.

¿Qué oficial de la CIA se vio obligado a huir a la Unión Soviética cuando se descubrió que era un topo del KGB?

Edward Lee Howard. Oficial de la CIA, desertó a la Unión Soviética en 1985 después de ser identificado como un agente soviético. Howard había nacido en Alamogordo, Nuevo México, cerca del lugar donde se probó la primera bomba atómica. Era hijo de un especialista de misiles de las Fuerzas Aéreas. Tras graduarse en la Universidad, Edward Lee Howard trabajó en Irlanda para la Exxon Corp., y posteriormente se alistó en los Cuerpos de Paz, para los que trabajó en Perú y Colombia. En 1980 la CIA contactó con él y, tras un curso de dieciocho meses en La Granja, fue destinado al Directorio de Operaciones Especiales. Su primer destino fue bajo cobertura diplomática en la embajada de

Estados Unidos en Moscú. Howard era el oficial de enlace de la CIA para los espías soviéticos que trabajaban para la Agencia. Su esposa, Mary, era la secretaria del subdirector de Operaciones de la CIA y más tarde destinada en Moscú para dar cobertura a su esposo.

¿Qué puso en guardia al FBI y a la seguridad de la CIA sobre Edward Lee Howard?

En mayo de 1983 Howard fue obligado a pasar la prueba del polígrafo, pero no consiguió pasarla. El uso de drogas, su afición al alcohol y un pequeño robo realizado en un aeropuerto puso a Howard bajo sospecha. El oficial de la CIA fue destinado a una subestación sin importancia en El Dorado, cerca de Santa Fe, hasta que el 6 de febrero de 1984 fue detenido por la policía bebido y armado con un Mágnum 44. En el mes de septiembre de 1984 Edward Lee Howard realizó un viaje a Europa, donde contactó con oficiales del KGB en Viena. En marzo de 1985 él y su esposa realizaron un viaje a Europa y el espía dijo a un antiguo empleado de la CIA que estaba pasando información al KGB. En septiembre de 1985 seguridad de la CIA informó al FBI sobre sus sospechas. El día 20 el FBI se enfrentó con Edward Lee Howard, quien se dispuso a cooperar, pero, cuando los federales se disponían a detener al agente de la CIA el día 23 de septiembre, descubrieron que este había huido a Moscú, vía Nueva York, Copenhague y Helsinki. Howard reapareció en Moscú en agosto de 1986 cuando la Unión Soviética informó que concedían «asilo político» y la ciudadanía rusa al ex espía de la CIA. Edward Lee Howard moriría en Moscú el 12 de julio de

2002, tras darse un golpe en la cabeza en una caída en su casa. El ex oficial de la CIA tenía cincuenta y un años.

¿Qué información entregó Edward Lee Howard al KGB?

Información sobre el Laboratorio Nacional de Los Álamos, el centro de investigación de armas nucleares y de tecnología del programa de la «Guerra de las Galaxias» desarrollado durante la administración Reagan.

¿Qué mensajero fue acusado de espionaje?

Randy Miles Jeffries. Mensajero de una compañía de Washington, se dedicaba a transcribir las audiencias del Congreso. En 1985 entregó varios de ellos a oficiales de la inteligencia soviética. Uno de los documentos era de «alto secreto» y se referían al programa de comunicaciones militares. El encuentro de Jeffries con el agente del KGB fue descubierto por agentes del FBI cuando grababan las conversaciones interceptadas en la Misión Militar Soviética en Washington D. C. Randy Miles Jeffries fue detenido, acusado de espionaje y sentenciado a diez años de prisión.

¿Quién era Robert Lee Johnston?

Sargento en el Ejército de Estados Unidos, Johnston fue reclutado por el KGB en Berlín en los años cincuenta. Johnston vivía con una camarera austriaca con quien tuvo un hijo. En febrero de 1953 el espionaje soviético lo convenció para que permaneciese en el Ejército y comenzase a espiar para el espionaje soviético. En aquellos años estaba destinado en la unidad de inteligencia del Alto Mando en Berlín. Su esposa realizaba las tareas de correo con los oficiales soviéticos. Johnston consiguió reclutar a otro amigo suyo, el sargento James Mintkenbaugh. Este último estaba destinado en la Estación de Transferencia de Comunicaciones del Ejército de Estados Unidos en Orly, cerca de París. Por Orly pasaban todas las comunicaciones criptográficas y de «alto secreto» del Ejército de Estados Unidos a la OTAN y a la Sexta Flota del Mediterráneo.

¿Qué importante documento pasó Johnston al KGB?

Un documento de «máximo secreto» del CINCEUR, el mando supremo en Europa. El documento revelaba la llamada «Operación Plan NR 100-6» y que consistía en el plan de ataque de Estados Unidos en una hipotética guerra nuclear en Europa. Johnston abandonó su trabajo como espía cuando fue destinado a Estados Unidos.

¿Qué final tuvo el traidor Robert Lee Johnston?

Tras ser descubiertos, Johnston y Mintkenbaugh fueron sentenciados a veinticinco años de cárcel. El 19 de mayo de 1972 Robert Jr., el hijo de veintidós años de Johnston, fue a visitarlo en la prisión federal de Lewisburg. Robert, con el fin de lavar su nombre, se alistó en el cuerpo de Marines para ser enviado a Vietnam. Allí fue condecorado con dos corazones púrpura por heridas en combate. Tras finalizar la entrevista con su padre, el joven Robert sacó de su bota un cuchillo y apuñaló a su padre en el corazón. Robert Lee Johnston Sr. falleció en el acto.

¿Qué oficial de la CIA vendió a los soviéticos manuales de satélites espías estadounidenses?

William P. Kampiles. Antiguo oficial de la CIA, Kampiles trabajó en el cuartel general de la CIA en Langley desde marzo a noviembre de 1977. Debido a su bajo perfil, Kampiles fue destinado a tareas denominadas de «bajo rendimiento». Cuando él dimitió de la CIA, se llevó consigo una copia de 64 páginas bajo su chaqueta de sistemas de satélites espías. El 19 de febrero de 1978 el ex agente viajó a Atenas donde lo vendió por 3.000 dólares al agregado militar de la embajada soviética. Sin saberlo el Centro Nacional de Interpretación Fotográfica, los soviéticos comenzaron a cambiar el sistema de camuflaje de sus instalaciones militares, así como su armamento balística. Kampiles deseaba ser oficial de campo, de modo que se dirigió a un antiguo compañero y le contó lo que había hecho. William Kampiles se ofreció como agente doble para negociar con el KGB.

¿Por qué tardó tanto el FBI en detener a William Kampiles?

Griffin Bell, fiscal general de Estados Unidos, deseaba ver a Kampiles entre rejas, pero el almirante Stanfield Turner,

DCI en aquellos momentos no quería dar publicidad a un caso flagrante de baja seguridad dentro de la CIA. Todos se preguntaban cómo alguien se podía haber llevado bajo la chaqueta un documento tan sensible. Bell decidió entonces preguntar al presidente Carter. Este dio su aprobación para llevar a cabo la detención. William Kampiles fue detenido por el FBI en Chicago el 17 de agosto de 1978 y condenado a cuarenta años de prisión por espionaje. El espía aficionado declaró en el juicio que no entendía por qué lo condenaban cuando lo que él había hecho era demostrar que cualquiera, desde un oficial a una mujer de la limpieza, podía robar un documento de «alto secreto» de la propia CIA.

¿Qué red de espionaje industrial china fue descubierta en 1993?

Yen Men Kao vivía en Charlotte, Carolina del Norte, cuando fue arrestado en diciembre de 1993 tras más de seis años de investigación por parte de la CIA y del contraespionaje. Kao, junto a otros ciudadanos chinos, conspiraron para exportar ilegalmente tecnología del torpedo de la Marina, el Mk 48, las turbinas F404-400 fabricadas por General Electric y utilizadas por los cazas F-18A Hornet, y el radar de combate del F-16 Falcon. Para poder cazar a Kao, un informante del FBI se hizo pasar por ingeniero de General Electric. Este le vendió al espía chino un plano de un satélite estadounidense. Kao pagó 24.000 dólares al informante. Jugador compulsivo, Kao declaró que necesitaba espiar para poder pagar sus deudas de juego, pero para no poner en peligro la red de contraespionaje estadounidense, un juez ordenó su deportación a Hong Kong. Desde la colonia británica, Kao, su esposa y sus dos hijos salieron rumbo a China en donde viven en la actualidad.

¿Qué oficial de la Inteligencia Naval fue detenido por el FBI acusado de pasar información a Corea del Sur?

Robert C. Kim. Especialista en sistemas de computadoras en Inteligencia Naval, entregó documentos de «alto secreto» a Corea del Sur. Nacido en Seul, Kim se nacionalizó estadounidense. En julio de 1997 fue encontrado culpable de espionaje y sentenciado a nueve años de prisión. La NSA había grabado conversaciones de Kim con su hermano, en las que hablaban de entregar a los servicios de espionaje surcoreanos por varios millones de dólares el sistema de detección de los buques de guerra estadounidenses. El sistema era una especie de clave de localización de los barcos de la Marina en alta mar.

¿Qué agente de la CIA pasó información al Servicio de Inteligencia Checoslovaco (CIS)?

Karl F. Kocher. Nacido en Checoslovaquia en 1934, Kocher recibió entrenamiento en tareas de espionaje por parte del CIS entre 1962 y 1965. Él y su esposa, Hana, entraron en los Estados Unidos como inmigrantes el 4 de diciembre de 1965. Kocher se presentó como desertor del CIS checo. En 1971 el matrimonio Kocher se nacionalizó estadounidense. Convirtiéndose en agente ilegal, se ordenó a Kocher que intentase entrar en alguna agencia federal de seguridad. Desde 1973 a 1975, Karl Kocher trabajó como traductor de la CIA, lo que le daba acceso a documentos de «alto secreto». Kocher fue puesto bajo vigilancia del FBI cuando lo descubrieron estableciendo contacto con un agente del CIS que estaba bajo vigilancia. El espía checo fue detenido en su apartamento el 27 de noviembre de 1984 cuando estaba a punto de huir hacia Suiza. Los Kocher no fueron llevados jamás a juicio debido a que fueron intercambiados por un disidente soviético. El 11 de febrero de 1986 el matrimonio Kocher cruzó el puente Glienicker que unía Berlín con Alemania Oriental. En 1987 Karl F. Kocher seguía trabajando para el CIS en Praga. Él era experto en Estados Unidos y sus agencias de espionaje.

¿Qué agente soviético de la CIA fue puesto en peligro por la información entregada por Karl F. Kocher?

Aleksandr D. Ogorodnik, un diplomático soviético destinado en Moscú y que era un «topo» de la CIA. Cuando el KGB fue a detenerlo, Ogorodnik se suicidó.

¿Qué empleado del Departamento de Estado espió para los servicios secretos griegos durante varios años?

Steven J. Lalas trabajaba en la embajada de Estados Unidos en Atenas hasta que fue detenido por agentes del contraespionaje al descubrirse que este había espiado para los servicios secretos griegos desde 1977 hasta abril de 1993, cuando fue detenido. Lalas fue puesto bajo vigilancia y grabado en vídeo, cuando un agente de la estación de la CIA en Atenas reveló que durante un encuentro con sus homólogos griegos, estos le dieron información sobre una operación que la CIA estaba preparando en Turquía y en la parte turca de Chipre. También los griegos revelaron al agente de la CIA datos e informaciones sobre movimientos terroristas en Grecia y que tan solo conocía la propia agencia estadounidense. Lalas comenzó a espiar para Grecia cuando este era militar y después desde 1983 a 1993, cuando era ya funcionario del Departamento de Estado. Steven J. Lalas consiguió 24.000 dólares en los dos últimos años como espía. Declarado culpable de espionaje, fue condenado a catorce años de prisión. La CIA no entendía cómo Grecia, un supuesto aliado de Estados Unidos en la OTAN, había creado una red de espionaje para conseguir documentos que podría haber visto en la propia sede de la OTAN teniendo autorización para ello. La CIA creía que el contacto de Lalas, a pesar de pertenecer a los servicios secretos griegos, tal vez estaría pasando los documentos al KGB.

¿Qué descendiente del general confederado Robert E. Lee se convirtió en agente de los soviéticos?

El mayor Duncan Lee. Oficial de la Oficina de Servicios Estratégicos (OSS) era un gran amigo de William Donovan, jefe de la OSS. Descendiente del general Robert E. Lee, el mayor Duncan Lee había nacido en China. Tras graduarse en Yale, él y su esposa se unieron al Partido Comunista de Estados Unidos. Lee entregó a los soviéticos información pasada entre los embajadores de Estados Unidos con relación a los intentos de paz alemanes y el camino que había decidido seguir Chiang Kai-Shek contra los comunistas. Peligrosamente, Duncan Lee pasó a los soviéticos información «altamente secreta» sobre el desembarco aliado en Europa. Lee acabó desertando y huyendo a la Unión Soviética. Falleció en 1988 a los setenta y cuatro años.

¿Qué ingeniero taiwanés fue acusado de espiar para China?

Wen Ho Lee, ingeniero experto en armas nucleares. Lee trabajaba en el laboratorio nuclear de Los Álamos cuando fue detenido por agentes del FBI en diciembre de 1999 y acusado de 59 cargos de espionaje. El trabajo de Lee era el de analizar para la CIA las pruebas nucleares chinas entre 1992 y 1994. Cuando un agente chino desertó a Estados Unidos en 1995 reveló que China había conseguido montar cabezas nucleares en misiles gracias a la tecnología arrebatada a los estadounidenses. La tecnología era la W-88 y se desarrolló en Los Álamos bajo la supervisión de Lee. En septiembre de 2000 Lee fue encontrado culpable de uno solo de los cargos y se le destinó fuera de Los Álamos. Oficiales de la CIA dijeron que Wen Ho Lee se había bajado desde su ordenador cerca de 1,4 gigabites de información, o lo que es lo mismo, unas 400.000 páginas de secretos que afectaban a la seguridad nacional de Estados Unidos.

¿Quién fue la mejor agente doble experta en desinformación?

Katrina Leung. Agente estadounidense acusada de ser agente doble para la inteligencia china. En 2003 fue detenida tras descubrirse que su contacto en el FBI era su amante, Leung había pagado hasta 1,7 millones de dólares por informaciones sobre inventos estadounidenses, civiles y militares. El agente del FBI James Smith fue detenido por negligencia, aunque no se presentaron cargos contra ninguno de los dos. Leung había trabajado como «desinformadora» para el MSS, el Ministerio de Seguridad del Estado de China. Más tarde se descubriría que esta tenía contactos con el presidente Jiang Zeming. Las dos principales operaciones en las que se vio implicada Leung fueron las de Wen Ho Lee, científico destinado en Los Álamos, y las de las llamadas donaciones ilegales a las campañas electorales de varios congresistas por parte de empresarios chinos. En 1996 se descubrió que miles de millones de dólares procedentes de fuentes chinas habían sido entregados al Comité Nacional Demócrata. Leung había nacido en China y su nombre en código en el MSS era «Lou».

¿Qué cabo de Marines destinado en Moscú fue acusado de alta traición y espionaje?

Clayton J. Lonetree, guardia en la embajada de Estados Unidos en Moscú. Entre 1984 y 1986 Lonetree entregó documentos clasificados al KGB y se convirtió en el primer miembro del Cuerpo de Marines en ser acusado de espionaje. Hijo de un héroe del Cuerpo de Marines durante la Guerra de Corea, Lonetree se alistó en 1980. En 1984 se presentó voluntario como guardia de embajadas, siendo asignado a Moscú. Poco a poco comenzó a visitar los locales de moda de la capital soviética, a beber con demasiada frecuencia y a ser visto con menores. Un día, Lonetree estableció relación con Violeta Seina, una empleada de la embajada. La relación se cortó durante un tiempo, cuando Clayton Lonetree fue enviado a Ginebra en noviembre de 1985 como apoyo de seguridad durante la Cumbre Reagan-Gorbachov. En enero de 1986 Violeta presentó al marine a su tío Sasha, quien realmente era Aleksi Yefimov, un oficial del KGB. Como primera información, Lonetree identificó en fotos a todo el personal de la embajada, las relaciones entre ellos, quiénes se odiaban, o sencillamente quiénes estaban casados entre sí. También dibujó en un papel el despacho del embajador. El 9 de marzo de 1986 el militar fue destinado a la embajada de Estados Unidos en Viena. En la capital austriaca, Lonetree entregó al KGB una identificación completa del personal de la embajada, un dibujo planta por planta del edificio diplomático, un directorio telefónico de la embajada y los nombres de todas las empleadas austriacas de la limpieza. Por todo ello Lonetree recibió del KGB, 2.500 dólares.

¿Qué información valiosa entregó el cabo Clayton Lonetree al KGB?

La posición estadounidense en las negociaciones de Reducción Mutua de Misiles Balísticos. Tras ser descubierto por la estación de la CIA en Moscú, la agencia ofreció al Departamento de Defensa convertir a Lonetree en doble agente. La petición fue rechazada y el caso acabó en manos del Servicio de Investigación Naval (NIS). En 1987 Clayton Lonetree se presentó ante una Corte Marcial en donde fue acusado de entregar información clasificada, conspirar para cometer espionaje y descubrir las identidades de agentes encubiertos. Lonetree fue sentenciado a treinta años de cárcel, una sentencia que fue reducida por la cooperación que prestó el propio cabo de marines a la división de contraespionaje de la CIA. En febrero de 1996 Clayton Lonetree fue puesto en libertad, tras pasar nueve años en una prisión militar.

¿Cuándo se produjo el mayor escándalo dentro de la Agencia de Seguridad Nacional?

En 1960, cuando el criptólogo William H. Martin desertó a la Unión Soviética. Martin era un genio de las matemáticas y el 8 de julio de 1957 se unió a la NSA. Desilusionado con el trabajo realizado por la agencia, William Martin comenzó a planear su deserción a la Unión Soviética. En 1959 fue premiado por la NSA con un máster en matemáticas en la Universidad de Illinois. Durante su experiencia universitaria contactó con miembros del Partido Comunista. En diciembre de 1959 voló a Cuba y en La Habana se reunió con diplomáticos soviéticos. En junio de 1960 Martin viajó a México y desde ahí a Cuba. En un buque mercante soviético salió para la URSS al día siguiente. Los agentes de seguridad de la NSA comenzarán la caza del hombre y en una caja encontraron una larga carta escrita por William H. Martin en la que explicaba por qué había decidido nacionalizarse soviético. El 6 de septiembre de 1960 Martin apareció en la televisión soviética, revelando los pocos escrúpulos de la NSA. El propio presidente Eisenhower declaró que merecía ser colocado ante un pelotón de fusilamiento. La deserción de Martin, acusado de ser homosexual, supuso la depuración de 26 oficiales homosexuales de la NSA. La Unión Soviética concedió a William H. Martin la nacionalidad. El ex agente de la NSA cambió su nombre por el de Sokolovsky y contrajo matrimonio con una ciudadana rusa.

¿Quién fue el primer agente del FBI condenado por espionaje?

Richard Miller. En 1964 se unió al FBI y en 1982 fue destinado desde una oficina local del FBI en Riverside a Los Ángeles, en la división de contrainteligencia. Miller comenzó vendiendo información del FBI a un investigador privado de Los Ángeles. Durante una borrachera, Miller perdió durante una misión su arma reglamentaria y su placa, lo que llevó a muchos de sus compañeros a comparar a Miller con el «Inspector Clouseau», famoso personaje interpretado por el actor Peter Sellers. En las pruebas físicas realizadas a los agentes, Richard Miller fue suspendido durante unas semanas hasta que consiguiese bajar de peso. Durante la suspensión el agente del FBI conoció a una belleza de treinta y cuatro años y que resultó ser una inmigrante rusa llamada Svetlana Ogorodnikov. En agosto de 1984 el FBI la fotografió saliendo del consulado soviético junto a otro funcionario al que identificaron como un oficial del KGB.

El primer documento entregado por Miller a Ogorodnikov fue el manual del FBI para seguimientos de contrainteligencia. En septiembre de 1984, y tras las sospechas del FBI, Miller dijo durante un interrogatorio que había estado trabajando por su cuenta para convertirse en agente doble del KGB. Los agentes del FBI no lo creyeron y lo detuvieron. En su apartamento descubrieron documentos secretos del FBI. Svetlana Ogorodnikov fue condenada a dieciocho años de prisión. Richard Miller fue condenado a dos condenas consecutivas de cincuenta años cada una, pero en mayo de 1994 fue puesto en libertad cuando su condena fue reducida a trece años por un tribunal federal.

¿Qué información se negó a entregar Richard Miller a Svetlana Ogorodnikov?

El paradero del mayor del KGB Stanislav Levchenko y del piloto de Mig-25 Victor Belenko, que desertó con su avión volando a Japón en 1976. Tanto Levchenko como Belenko habían sido juzgados en ausencia y condenados a muerte por alta traición. Ogorodnikov intentaba conocer el paradero de ambos para entregarlos a los asesinos del KGB.

¿Quién fue la mujer que más tiempo estuvo espiando dentro de Estados Unidos para los servicios secretos cubanos?

Ana Belén Montes, nacida en 1958 en una base militar de los Estados Unidos en Alemania Occidental. Analista de la DIA, Montes se convirtió en una de las espías con más larga carrera dentro de Estados Unidos. Ana Belén Montes comenzó a trabajar para la DIA en 1985. En esas mismas fechas contactó con la inteligencia cubana. En 1998 el Pentágono indicó a la DIA que alguien desde dentro había estado pasando información a Cuba. Montes abandonó entonces su contacto y comenzó a pasar sus mensajes encriptados. El FBI detuvo a la espía el 21 de septiembre de 2001. El FBI y la contrainteligencia de la CIA la habían puesto bajo vigilancia. En octubre de 2002 Ana Belén Montes fue condenada a veinticinco años de cárcel.

¿Qué ex oficial de la CIA se ofreció para espiar para los soviéticos?

Edwin G. Moore. Destinado en el departamento de mapas desde 1952 a 1963, en 1973 se retiró debido a una insuficiencia cardiaca. En la noche del 21 de diciembre de 1976 Moore se llevó a su apartamento varios documentos clasificados de la CIA, los colocó en una caja y la dejó en la entrada de la embajada soviética en Washington. El guardia soviético pensó que era una bomba, pero el error de este fue llamar a la policía de la ciudad y al FBI. Cuando abrieron la caja descubrieron varios documentos de la CIA con categoría de «clasificados» y una propuesta para «penetrar en el cuartel general de operaciones de la CIA» a cambio de un pago inicial de 200.000 dólares. El FBI solo tuvo que seguir la dirección de la nota y esperar. Al poco tiempo observaron cómo un hombre cruzaba la calle y se dirigía hacia ellos. Tras ser detenido, Moore dijo que nunca había entregado nada a los soviéticos. En su casa el FBI encontró agendas con nombres de agentes codificados, números de teléfonos de empleados de la CIA y cientos de documentos posteriores a 1973. Moore fue convicto de espionaje y de tres cargos por posesión de material «clasificado». En mayo de 1977 Edwin Moore fue condenado a quince años de prisión, pero en 1979 fue puesto en libertad bajo palabra.

¿Quién fue el único funcionario del Gobierno condenado por entregar información de «alto secreto» a un medio de comunicación?

Samuel Loring Morison. Analista en inteligencia militar, entregó fotografías de buques soviéticos captadas por satélites espías estadounidenses a una revista británica. Colaborador de la prestigiosa revista *Jane* de barcos de guerra, el trabajo de Morison fue aprobado por sus superiores en la Marina, hasta que en 1984 el analista entregó a la redacción de la publicación diversas imágenes de buques de guerra soviéticos captadas por varios satélites espías de Estados Unidos. En las fotografías se incluían imágenes de varios buques que estaban siendo construidos en los astilleros militares del mar Negro. El 1 de octubre de 1984 Morison fue detenido, aunque negó tener conocimiento de haber entregado ninguna imagen fotográfica. Samuel L. Morison fue condenado bajo el Acta de Espionaje de 1917, en la que se impide el acceso a toda persona sin permiso legal a acceder a documentos militares. Morison fue encontrado culpable de los cargos en octubre de 1985 y sentenciado a dos años de prisión. El presidente Bill Clinton lo perdonó en 2001, ignorando las protestas de la CIA.

¿Qué marinero de un submarino nuclear intentó vender secretos de este a la misión soviética ante las Naciones Unidas?

Michael R. Murphy. Tripulante a bordo del submarino nuclear *James Polk,* Murphy llamó hasta en tres ocasiones a la misión diplomática soviética en la ONU con la intención de venderles secretos del submarino. Oficiales de contraespionaje detectaron las llamadas y detuvieron a Murphy. Aunque el navegante no pudo entregar ninguna información a los soviéticos, fue expulsado con deshonor de la Marina en agosto de 1981.

¿Qué experto en comunicaciones de las Fuerzas Aéreas y del Cuerpo de Marines pasó información secreta al KGB?

Frank A. Nesbitt, experto en comunicaciones de las Fuerzas Aéreas entre 1963 y 1966 y del Cuerpo de Marines entre 1969 y 1979. En agosto de 1989 fue destinado a Sucre, Bolivia, en donde entabló relación con una bailarina del *ballet* ruso. Nesbitt estableció contacto con un oficial del KGB destinado en la embajada soviética en La Paz. Con él, Nesbitt viajó a Moscú, en donde fue instalado en un piso franco durante once días. El militar escribió de memoria 32 páginas de sistemas de comunicaciones de las Fuerzas Aéreas.

Cuando los soviéticos se negaron a darle la nacionalidad soviética y un trabajo, Frank Nesbitt viajó a Guatemala y contactó con funcionarios estadounidenses. Cuando llegó a Washington, fue detenido por agentes del FBI informados por oficiales de la CIA. Nesbitt se ofreció como doble agente al FBI y a la CIA proclamando que tenía buenos contactos con los soviéticos. Su ofrecimiento fue rechazado y, el 8 de noviembre de 1989, Nesbitt fue acusado de conspiración y de entregar información sensible para la seguridad nacional a los soviéticos. Él inicialmente no fue declarado culpable, pero el 1 de febrero de 1990 el tribunal cambió de opinión y lo condenó a diez años de reclusión en un hospital psiquiátrico para presos federales.

¿Qué analista de la NSA vendió información tecnológica a los soviéticos durante catorce años?

Ronald W. Pelton. Antiguo analista de inteligencia de la Agencia de Seguridad Nacional, Pelton se alistó en las Fuerzas Aéreas en 1960 siendo enviado a Pakistán. En 1964 trabajaba como reparador de televisiones hasta que en 1965 decidió pedir trabajo en la NSA. El 14 de enero de 1980 Pelton llamó a la embajada soviética en Washington y se ofreció como espía a cambio de dinero. El 15 de enero Pelton llamó nuevamente a la embajada pero no se identificó. Solo dijo trabajar para el Gobierno de Estados Unidos. Las grabaciones fueron archivadas por el FBI sin poder descubrir nada sobre ellas. En 1979 Pelton llevaba ya catorce años en la agencia. Vitaly Yurchenko, un oficial del KGB que desertó a Estados Unidos en agosto de 1985, reconoció la voz de Pelton en las grabaciones archivadas por el FBI. El 15 de octubre de 1985 Ronald Pelton fue puesto bajo vigilancia electrónica por el FBI y plantaron micrófonos en su casa, en su coche y en su despacho en la NSA. Pelton tenía pensado viajar a Viena para establecer una reunión con su contacto en el KGB, en donde debía recibir cerca de 70.000 dólares por informaciones sobre sistemas de comunicaciones entre submarinos nucleares de los Estados Unidos. Cuando fue detenido por los agentes del FBI, Pelton reconoció que pasaba ocho horas al día, tres o cuatro días a la semana, escribiendo preguntas y respuestas sobre la NSA para los soviéticos. Detenido, Ronald Pelton fue acusado de espionaje y violación del Acta de Seguridad. En junio de 1986 fue encontrado culpable de todos los cargos y sentenciado a tres cadenas perpetuas consecutivas sin posibilidad de conseguir en el futuro la «libertad bajo palabra».

¿Quién intentó vender los planes de defensa aérea estratégica de los Estados Unidos a los soviéticos?

El sargento mayor Walter T. Perkins. Especialista en inteligencia en las Fuerzas Aéreas, fue detenido en 1971 cuando intentaba vender información de alto secreto a un oficial del KGB en México. Perkins estaba destinado en el Centro de Armas de Defensa Aérea en Florida cuando intentó vender la información secreta a los soviéticos. Cuando fue detenido, el militar dijo sentirse desorientado debido a los años que pasó como prisionero de guerra en Vietnam. Aquello lo salvó de una fuerte condena. Perkins fue condenado a tres de prisión y a ser expulsado con deshonor de las Fuerzas Aéreas.

¿Qué militar fue condenado a cinco años de prisión. Uno por cada página de documento que el traidor intentó entregar a los soviéticos?

Jeffrey L. Pickering. Alistado en el Marina, Pickering intentó vender cinco páginas de documentos secretos a la embajada soviética en Washington en octubre de 1983. Cuando fue detenido por el FBI, Pickering llevaba en su bolsillo un plano de situación de la embajada soviética.

¿Qué agente del FBI fue acusado de espionaje?

Earl Edwin Pitts. Este agente fue detenido el 19 de diciembre de 1996 después de realizarle un seguimiento de dieciséis meses. Aunque al principio no se tuvieron pruebas contra él, al final de la investigación el FBI y la unidad de seguridad de la CIA habían recabado hasta 5.700 evidencias contra él. El 28 de febrero de 1997 Pitts fue encontrado culpable de alta traición por espiar para la Unión Soviética y para Rusia, siendo condenado a veintisiete años de prisión sin posibilidad de conseguir la libertad bajo palabra. En junio de 1997 Pitts declaró, en su celda en la prisión federal de Ashland, Kentucky, a sus antiguos compañeros del FBI que sospechaba que Robert Hanssen era un espía de los rusos, pero estos no lo creyeron. En febrero de 2001 Hassen también sería detenido.

¿En qué departamento del FBI trabajaba Pitts cuando fue detenido?

En el departamento de control de escuchas en el cuartel general del FBI en Washington. Pitts comenzó a espiar para los soviéticos en julio de 1987 cuando trabajaba para el «Escuadrón de Espionaje Soviético» del FBI en Nueva York. Su especialidad era la de reclutar personal soviético de las Naciones Unidas como espías de Estados Unidos. En 1995 el FBI abrió una investigación de contraespionaje contra Earl Edwin Pitts después de que un oficial ruso de la ONU, Rollan Dzheikiya, confesase al FBI que sospechaba de él. Dzheikiya había abandonado el servicio exterior ruso y deseaba instalarse en Nueva York como representante de una firma comercial rusa. Poco después, el FBI descubrió que Pitts había abierto cuentas corrientes hasta en ocho bancos.

¿Quién fue la principal informadora del FBI en el caso Pitts?

Mary, la esposa del propio Earl Edwin Pitts. Tras el colapso de la Unión Soviética en 1991, Pitts continuó espiando esta vez para Rusia y para el sucesor del KGB, el SVR. En 1992 Pitts fue transferido a la división del consejero legal del FBI, un destino en donde tenía poco acceso a información delicada. El 26 de agosto de 1995 dio comienzo la operación de caza contra Pitts. Rollan Dzheikiya se hizo pasar por agente encubierto del SVR y le pidió a Pitts una serie de documentos a los que podía tener acceso en su nueva división. A cambio le entregó 65.000 dólares. La operación de entrega de documentos fue filmada por el contraespionaje y así pudieron detener a Pitts.

¿Qué marinero estadounidense intentó desertar saltando la valla del consulado ruso en San Francisco?

El marinero de primera clase Ernest C. Pugh. El militar estaba destinado en la Escuela de Idiomas de Defensa, en Monterrey, California. En agosto de 1982, se dirigía andando por San Francisco cuando divisó el edificio del consulado soviético en la ciudad. Pugh deseaba pedir asilo político, pero antes de que lo consiguiese fue detenido por agentes del Servicio de Investigación Naval. «Pugh se sentía afín con la forma de vida soviética y los soviéticos querían a Pugh como espía en la Escuela de Idiomas del Departamento de Defensa. Como asilado no les era útil», declaró un agente del NIS. Psicólogos de la Marina descubrieron que el marinero Pugh sufría de doble personalidad, por lo que fue hospitalizado en un Hospital Militar sin cargos.

¿Qué sargento del Ejército estadounidense pasaba información a los servicios secretos checoslovacos y húngaros?

Roderick James Ramsay. El militar fue acusado de pasar documentos secretos de la OTAN a oficiales de la inteligencia húngara y checa. En 1994 fue sentenciado a catorce años de prisión. Ramsay había sido reclutado por otro militar de Estados Unidos, Clyde Lee Conrad, otro sargento del

Ejército acusado de traición por un tribunal de Alemania Occidental. Entre los documentos pasados por Ramsay se encontraban los planos de la base de la 8.ª División de Infantería en Bad Kreuznach, Alemania Occidental. El militar recibió 20.000 dólares por los planos. También vendió información sobre comunicaciones militares en el uso de armas tácticas nucleares.

¿Qué declaró el director del FBI, William Sessions, sobre esta operación?

Que era una de las investigaciones de contrainteligencia en el extranjero llevada a cabo por el FBI más complicadas de toda su historia. Cuando Conrad fue detenido, esto llevó a la detención de Ramsay y de otros dos soldados, el sargento Jeffrey Rondeau y la antigua soldado Nelly Therese Warren.

¿Qué analista de Estados Unidos pasaba información a China e Iraq?

Brian Patrick Regan. Nacido en 1962, Regan sirvió veinte años en las Fuerzas Aéreas estando destinado como analista en el NRO. La Oficina Nacional de Reconocimiento es la encargada del análisis de la información recabada por los satélites espías de Estados Unidos. Regan, de treinta y ocho años, fue detenido en agosto del 2001 justo cuando iba a embarcar en un vuelo rumbo a Suiza. Él llevaba encima los desplazamientos codificados de misiles chinos e iraquíes, así como las direcciones de las embajadas de China e Iraq en Suiza y

Austria. Brian Patrick Regan fue acusado también de escribir a Libia e Iraq ofreciéndose como espía a cambio de 13 millones de dólares. Regan mandó incluso una carta directamente a Sadam Husein. En febrero de 2003 fue encontrado culpable de intento de espionaje y condenado a cadena perpetua sin posibilidad de conseguir la libertad bajo palabra. A pesar de haber sido encontrado culpable, las Fuerzas Aéreas decidieron entregar la pensión de Brian Patrick Regan a su esposa, Anette. Ellos tenían cuatro hijos.

¿Qué funcionario de la OTAN entregó más de 10.000 páginas de documentos a los soviéticos?

Reiner Rupp. Funcionario de la OTAN espió para la Alemania Oriental entre 1977 y 1989. Él y su esposa entregaron copias de más de 10.000 páginas de documentos confidenciales y de alto secreto de la organización militar. Rupp, nacido en Alemania, fue reclutado por el MFS (Stasi) en 1968 siendo un estudiante. En 1972 se casó en Bruselas con la ciudadana británica Ann-Christian Bowen, una secretaria del Ministerio de Defensa en Londres que había sido destinada a Bruselas en la misión militar británica. En aquellos años, las secretarias y los funcionarios civiles y militares eran los principales objetivos de los reclutamientos de la Stasi. Bowen había ya hecho público su antiamericanismo y su antiguerra del Vietnam. Ella fue sacando documentos secretos en su bolso clasificados como «Cósmicos», la más alta clasificación dada por la OTAN a sus documentos secretos. Reiner Rupp tenía el nombre clave de «Topaz» y su esposa el de «Turquesa».

¿Qué hizo que Rupp dejase de espiar para la Stasi?

Cuando en 1979 la Unión Soviética invadió Afganistán, Rupp dijo a su esposa que iba a dejar de espiar desilusionado por la actuación soviética, que la comparaba con la actuación estadounidense en Vietnam. Su esposa siguió espiando hasta 1980. Tras la reunificación de las dos Alemanias, se abrieron los archivos de la Stasi en donde aparecían los informes de los espías Topaz y Turquesa. Finalmente, en julio de 1993 ambos fueron detenidos. Rupp fue condenado a doce años de prisión, y su esposa Ann-Christian Bowen Rupp, a veintidós meses, siendo finalmente suspendida la sentencia. Fue la estación de la CIA en Berlín quien dio el primer toque de atención a los alemanes sobre la gran cantidad de documentos de la OTAN que estaban cayendo en manos del KGB. Los alemanes occidentales no hicieron caso a las advertencias estadounidenses.

¿Quién fue uno de los principales topos de la Stasi en los Estados Unidos?

James Frederick Sattler. Nacido en la ciudad de Nueva York, Sattler estudió en la Universidad de Berkeley y más tarde estudió en Alemania Oriental, Alemania Occidental y Polonia. Sattler hablaba un fluido alemán y viajaba constantemente a Europa del Este. A comienzos de la década de los setenta comenzó a trabajar en Washington como analista de política exterior para la Organización del Tratado del Atlántico Norte. En 1967 fue reclutado por un oficial de inteligencia de Alemania Oriental. La información pasada por Sattler era compartida por la Stasi y el KGB.

¿Cómo fue descubierto James Frederick Sattler?

Él mismo se autoinculpó, cuando recibió un cuestionario GA-1 del Departamento de Justicia el 23 de marzo de 1974. En la pregunta que decía: *¿Tiene usted conocimiento de tácticas de sabotaje, espionaje o contraespionaje de algún gobierno extranjero o partido político extranjero?* Sattler respondió: «Sí» y a continuación comenzó a relatar toda su vida de espía y la entrega de documentos de Alemania, Estados Unidos, Gran Bretaña, Canadá y Francia a los servicios secretos de Alemania Oriental. James Frederick Sattler admitió que había recibido 13.000 dólares por su trabajo como espía. Sattler desapareció poco después de firmar la confesión de ser espía para una potencia extranjera. Aún hoy no se conoce el paradero de James Frederick Sattler.

¿Qué diplomático de alto rango fue acusado de pasar información al servicio de inteligencia polaco?

Irwin C. Scarbeck, segundo secretario de la embajada de Estados Unidos en Varsovia. Scarbeck fue fotografiado *in fraganti* mientras mantenía relaciones sexuales con una joven funcionaria polaca de veintidós años de la embajada. Con el fin de no hacer públicas las fotografías, el servicio secreto polaco ofreció a Scarbeck hacerse espía de ellos. Al principio el diplomático se negó, pero ante la perspectiva de que las imágenes pudiesen llegar a su esposa, Irwin Scarbeck estaba casado y tenía cuatro hijos, aceptó. Tras ser descubierto por la contrainteligencia estadounidense, Irwin C. Scarbeck fue juzgado y condenado a treinta años de prisión. En 1963 su pena fue reducida a diez años.

¿Qué oficial de la Marina fue acusado de pasar información secreta a los servicios de inteligencia saudíes?

El comandante Michael Schwartz. El militar estaba destinado, entre noviembre de 1992 y septiembre de 1994, en la Misión de Entrenamiento Militar Estadounidense en Arabia Saudí. Schwartz entregó documentos confidenciales a los saudíes. Acusado de espionaje, el comandante Michael Schwartz fue llevado ante un Tribunal Militar que ordenó su expulsión de la Marina. En diciembre de 1995 el comandante Schwartz fue expulsado oficialmente de la Marina con deshonor.

¿Qué agente de la CIA pasó información secreta al gobierno de Ghana?

Sharon Scranage, destinada en la estación de la CIA en Ghana, entre mayo de 1983 a mayo de 1984. Scranage admitió ante el FBI, después de regresar a Estados Unidos, que había entregado a su amante ghanés, Michael Soussoudis, la lista de nombres de agentes y oficiales de la CIA destinados en Ghana, así como la lista de sus informantes en el país africano. Soussoudis, primo del líder de Ghana, Michael Rowlings, fue detenido el 10 de julio durante una visita a los Estados Unidos. Acusado de espionaje, Michael Soussoudis fue llevado a juicio y condenado a veinte años de prisión, pena que sería llevada a cabo si no abandonaba el país en menos de veinticuatro horas. Soussoudis fue liberado en un intercambio por ocho ciudadanos ghanianos que habían sido detenidos acusados de espiar para la CIA. En noviembre de 1985 Sharon Scranage fue condenada por espionaje a cinco años de prisión, aunque en abril de 1988 su sentencia fue reducida a dos años.

¿Qué agente del Comando de Seguridad e Inteligencia del Ejército (INSCOM) de los Estados Unidos consiguió librarse de una acusación de espionaje?

Richard C. Smith. Desde 1973 a 1980 Smith estuvo trabajando en el llamado programa «Mitre», encargado de reclutar dobles agentes. En 1980 abandonó el Ejército y montó una empresa de vídeos. En junio de 1981 viajó a Tokio con el fin de conseguir inversores en Japón para varias firmas de Estados Unidos. En abril de 1984 Smith fue detenido acusado de haber aceptado 11.000 dólares de una agente soviético a cambio de entregar una lista con la identidad de seis dobles agentes. Al ser detenido, Smith dijo que era un agente que estaba trabajando en una operación de la CIA para penetrar el KGB en Japón. Después de diez meses de interrogatorio por parte del FBI, finalmente decidieron no creer a Richard Smith y llevarlo a juicio. Para su defensa, Smith se basó en el Acta de Procedimientos de Información Clasificada. Cuando Smith fue llevado a juicio en abril de 1986, el juez ordenó al Gobierno presentar testigos que clarificasen la relación entre Smith y la CIA. Los testigos no pudieron presentar pruebas de «un tal señor Smith» y el jurado declaró inocente al supuesto espía.

¿Qué militar estadounidense espió para apoyar la «causa árabe»?

El especialista Albert T. Sombolay. El militar pasaba información de asuntos militares a los iraquíes y a los jordanos. Nacido en el antiguo Zaire (hoy República Popular del Congo) se había alistado en 1985. En diciembre de 1990 fue destinado a la 8.ª División de Infantería en Baumholder, Alemania. Fue en ese país en donde Sombolay contactó con las embajadas de Jordania e Iraq. En aquellas mismas fechas, Iraq había invadido Kuwait y la Operación Escudo del Desierto sería el preludio a la Operación Tormenta del Desierto. Sombolay pasó información sobre las tropas estadounidenses a la embajada de Jordania en Bruselas. Cuando su unidad fue movilizada hacia Arabia Saudí, el militar ofreció pasar información sobre movimientos de tropas a la embajada de Iraq en Bonn. El 29 de diciembre, aunque su unidad estaba ya desplegada en el desierto saudí, el permaneció en Alemania e intentó contactar con los iraquíes. Una vez detenido, en julio de 1991 fue encontrado culpable de espionaje en tiempo de guerra y de ayuda al enemigo. Un tribunal militar lo condenó a treinta y cuatro años de trabajos forzados.

¿Qué miembro de la Marina de Estados Unidos que espió para la Unión Soviética resultó ser un «durmiente»?

Glenn M. Souther. Alistado en la Marina en 1976, con veintidós años, fue destinado al servicio fotográfico, lo cual le daba acceso a documentos de «Alto Secreto». Souther se presentó en la embajada soviética en Roma y se ofreció como espía. En 1982 su esposa, nacida en Italia, declaró al Servicio de Investigación Criminal Naval que tal vez su marido estuviese entregando secretos a los rusos. En 1985, tras la detención del oficial naval John Walker, que se había casado con la ex esposa de Souther, abrió nuevamente las sospechas del FBI contra Glenn Souther. El 21 de mayo de 1986 el FBI preguntó a Souther abiertamente si había contactado con algún servicio de inteligencia extranjero. Souther dijo: «No». El 9 de junio consiguió evadirse de su vigilancia, viajar a Roma y desaparecer. El 17 de julio, el diario *Izvestia* informó que Glenn M. Souther se encontraba en Moscú. El 19 de julio apareció ante la televisión soviética, aunque no reconoció que fuese un espía. Misteriosamente, el 27 de junio de 1989, el periódico *Krasnaya*, del Ejército Rojo, publicaba el obituario del oficial de la inteligencia militar de treinta y dos años Mikhail Yevgenyevich Orlov. Lo más curioso del caso es que entre los alias utilizados por el espía soviético fallecido estaba el de Glenn Michael Souther. El KGB deseaba que la

CIA y el FBI creyesen que Mikhail Yevgenyevich Orlov y Glenn Michael Souther eran la misma persona y que Souther era tan solo un «durmiente».

¿Quién desveló el misterio sobre Glenn M. Souther?

El propio jefe del KGB, Vladimir Kryuchkov, quien explicó en una conferencia de prensa en Moscú que Souther era un americano reclutado por el KGB cuando él estaba en la Marina. Tras la caída de la Unión Soviética, los informes desclasificados del KGB demostraban que Glenn Souther se había quitado la vida y que antes, en una carta, había pedido ser enterrado con uniforme de oficial del KGB. Souther fue enterrado con honores militares en el cementerio de Novokuntsevskoye, cerca de Moscú, donde también está enterrado el famoso Harold Kim Philby. Souther dejó en Rusia esposa y una hija de dieciocho años.

¿Qué abogada del Departamento de Justicia fue acusada de pasar información a la Alemania Oriental?

Marie Squillacotte, abogada del Departamento de Justicia, convicta en octubre de 1988 de pasar secretos a la Stasi. En octubre de 1997 Squillacotte fue detenida junto a su marido, Kurt Strand, y a un amigo, James Clark. Marie Squillacotte fue condenada en 1999 a veintiún años de prisión, Kurt Strand a diecisiete años y Clark a doce años. En 2001 la Corte Suprema de Estados Unidos rechazó reabrir el caso. Strand, nacido en 1955, era hijo de un inmigrante alemán que introdujo a su hijo en la Stasi. Kurt Strand asistió a un campamento de verano en Alemania Oriental. Clark, por su parte, trabajaba como espía para la Alemania Oriental desde 1976 a 1989 entregando documentos clasificados del Departamento de Estado. Después de casarse en 1980, Strand y Squillacotte se mudaron a Washington. Ese mismo año se incorporó al Comité de Servicios Armados del Congreso y desde ahí al Pentágono, en donde fue destinada a la Oficina del vicesecretario de Defensa para Adquisiciones. El matrimonio tuvo dos hijos, Karl y Rosa, nombres puestos en honor de Karl Liebknecht y Rosa Luxemburgo, fundadores del Partido Comunista Alemán. La caza de los espías comenzó cuando una agente del FBI, Katharine Allegan, asignada a revisar los documentos de la Stasi, encontró varios que se referían a Clark como un espía reclutado en 1976. Strand fue reclutado en 1973 cuando era estudiante en la Universidad de Wisconsin, y su esposa, Squillacotte, fue reclutada en 1981. Los tres se reunieron por vez primera a mediados de los años 70, cuando Clark y Strand formaban parte de la Liga de Liberación de Jóvenes Trabajadores, el brazo estudiantil del Partido Comunista de los Estados Unidos (CPUSA). Un agente del FBI puso una trampa a Marie Squillacotte haciéndose pasar por un agente del espionaje sudafricano. El supuesto espía dijo a la abogada estadounidense que deseaba reclutarla como espía, pero esta, sorprendentemente, dijo que ella ya había sido espía de los alemanes orientales y que con ello había violado cientos de veces la «Federal 18». Todo quedó grabado y Squillacotte fue detenida.

¿Qué traidor estadounidense fue intercambiado por un estudiante detenido en Alemania Oriental por la Stasi?

Robert G. Thompson, especialista de las Fuerzas Aéreas de los Estados Unidos. En 1965 fue acusado de pasar información secreta a la Unión Soviética y condenado a treinta años de cárcel por espionaje. Thompson confesó haber pasado cientos de imágenes fotográficas tomadas por satélites espías al KGB. Un día de 1978, Thompson fue sacado de su celda en una prisión de Estados Unidos, trasladado a Berlín y allí intercambiado por Alan van Norman, un estudiante estadounidense sentenciado a dos años y medio de prisión por haber intentado ayudar a una familia de Alemania Oriental a cruzar al lado occidental. Tras cruzar a la Alemania del Este, Thompson vivió durante algunos años en Leipzig, para después desaparecer.

¿Qué miembro de la Marina ofreció a los soviéticos las tarjetas-llave utilizadas por las máquinas criptográficas de los Estados Unidos?

El radioperador Michael T. Tobias. En 1984 Tobias estaba destinado en el barco *Peoria*. Según el propio marinero, un agente del KGB se había acercado a él para ofrecerle 100.000 dólares por las tarjetas-llave de las máquinas criptográficas usadas por la Marina. Tobias, junto con su hermano y otros dos individuos, cogió las tarjetas-llave del *Peoria* y, cuando se disponía a entregarlas en el consulado soviético en San Francisco, fue detenido por agentes del Servicio de Investigación Naval. En noviembre de 1985 Michael T. Tobias fue encontrado culpable de intentar vender secretos militares a una potencia extranjera, siendo sentenciado a veinte años de prisión.

¿Qué agente del FBI de origen chino resultó ser un espía?

Douglas Tsou. El espía había saltado a Taiwán cuando los comunistas tomaron el poder en 1949. Tras vivir allí durante veinte años decidió emigrar a los Estados Unidos. Luego de nacionalizarse estadounidense, se incorporó al FBI en 1980 y hasta 1986 estuvo destinado en San Francisco y Houston. En 1986 envió una carta al Gobierno de Taiwán revelando el nombre de un espía chino infiltrado en el propio Gobierno. En 1988 fue detenido por espionaje, debido a que el agente chino denunciado por Tsou era realmente un agente doble de la CIA. En enero de 1992 Douglas Tsou fue condenado a diez años de prisión.

¿Qué héroe de la Segunda Guerra Mundial fue detenido por espionaje?

El sargento Giuseppe Vascio. Técnico de laboratorio en las Fuerzas Aéreas, fue detenido en 1952 después de intentar vender material clasificado del nuevo avión F-86E Sabre a Corea del Norte. Vascio estaba destinado en Corea del Sur y había sido condecorado con la «Cruz de Vuelo Distinguida» por sus acciones en la Segunda Guerra Mundial. Vascio fue convicto de espionaje por pasar secretos al enemigo, condenado a veinte años de trabajos forzados y a ser expulsado de las Fuerzas Aéreas con deshonor.

¿Qué oficial retirado de la Marina creo una de las mayores redes de espionaje contra los Estados Unidos?

John A. Walker. La red de espionaje estaba formada por su propio hijo, Michael Walker; su hermano, el comandante Arthur Walker, y el jefe radiooperador, Jerry A. Whitworth. Walker se alistó en la Marina en 1955, siendo destinado a comunicaciones. Entre 1962 y 1966 sirvió en submarinos nucleares, armados con misiles. Poco después sería nombrado asistente al director de la escuela de radiooperadores en la Escuela de Entrenamiento Naval de San Diego, California. Allí contactó con Jerry A. Whitworth, un especialista en criptografía y códigos encriptados. En 1976 se retiró de la Marina, aunque utilizó a su hijo Michael, su hermano Arthur y su amigo Jerry que suministraban documentos secretos que después vendía a los soviéticos. Walker, poco a poco, se convirtió en un importante espía de los soviéticos, manteniendo reuniones con agentes del KGB en Viena, Hong Kong, Filipinas y los Estados Unidos. Más tarde, John Walker intentó reclutar para su red de espías a su hija Laura, que servía en el Ejército, pero sus intentos no prosperaron.

¿Quién puso al FBI tras la pista de John Walker?

Su ex esposa Barbara, en noviembre de 1984, aunque fue realmente Laura quien pidió a su madre que hablase con el FBI. Barbara dijo al FBI que incluso había acompañado a su ex esposo a entregar material clasificado a los soviéticos e incluso a recoger pagos por los documentos. Al principio el FBI no hizo caso a Barbara debido a los problemas de alcohol de esta, pero poco después se pusieron sobre la pista de Walker y finalmente, el 20 de mayo de 1985, lo detuvieron. Walker había vendido cerca de 129 documentos de alto secreto a su enlace en el KGB, Aleksey Tkachenko, vicecónsul de la Unión Soviética. Entre los documentos entregados por Walker al KGB se encontraban los códigos de transmisiones del portaviones *Nimitz*. John Walker y su hijo, Michael Walker, fueron condenados a veinticinco años de prisión. En febrero de 2000 Michael Walker fue puesto en libertad vigilada. En caso de que la viole volverá a la prisión federal a cumplir toda su condena.

¿Qué daño provocó la información entregada por John A. Walker a los soviéticos?

Oficiales de inteligencia de Estados Unidos creen que los soviéticos consiguieron descifrar cerca de un millón de mensajes codificados gracias a la información entregada por John Walker. El nombre en código de John Walker en el KGB era «Jaws» (Mandíbulas).

¿Qué renegado de la CIA intentó vender armas al líder libio Muammar el Gadafi?

Edwin P. Wilson. Antiguo oficial de los marines, Wilson se unió a la CIA como oficial de seguridad en 1951. En los años

60 fundó una compañía para la CIA, Consultores Internacionales. Fue aquí donde Wilson comenzó a hacer negocios privados fuera del alcance de la CIA. Él abandonó la CIA y la Task Force 157, una unidad ultrasecreta de la propia CIA. Su trabajo en la TF-157 dio a Wilson muy buenos contactos a nivel global. Por ejemplo, contactó con el coronel de las Fuerzas Aéreas Richard Secord, más tarde general de la USAF. Secord era el jefe del Grupo de Asesores de las Fuerzas Aéreas en Irán y formaría parte del escándalo Irán-Contra. Wilson fue despedido de la TF-157 el 30 de abril de 1976 y detenido en 1982 bajo cargos de venta ilegal de armas y conspiración para asesinar a los fiscales que dirigían la acusación contra él. Finalmente fue condenado a cincuenta y siete años de prisión sin posibilidad de conseguir la libertad bajo palabra. En 2004, un Jurado Federal revisó el caso para saber si había sido la CIA la que le había ordenado vender armas a Libia, algo que Wilson declaró en el juicio. Hoy, a los setenta y cinco años, Edwin P. Wilson sigue esperando la revisión de su caso.

¿Qué marinero intentó vender imágenes de un portaviones a los soviéticos?

El marinero de tercera clase Hans P. Wold. En 1983 fue detenido por agentes del Servicio de Investigación Criminal Naval con un rollo fotográfico. Wold abandonó el barco, el portaviones *Ranger* en Filipinas y se dirigió a la embajada de la Unión Soviética en Manila con la intención de contactar con un oficial del KGB al que poder ofrecer las fotografías. En octubre de 1983 fue condenado a cuatro años de trabajos forzados.

– Capítulo 5 –
OPERACIONES

¿Quién ordenó las primeras operaciones encubiertas de la CIA?

El presidente Harry S. Truman en diciembre de 1947, tan solo tres meses después de la creación de la CIA.

¿En qué consistieron estas primeras operaciones encubiertas?

En apoyar en secreto a los partidos políticos anticomunistas de Italia en las elecciones, así como en apoyar y armar a los anticomunistas en la guerra civil que estalló en Grecia tras la Segunda Guerra Mundial.

¿Qué otro nombre recibían estas operaciones encubiertas?

Operaciones psicológicas.

¿Qué indicaba la directiva secreta del Consejo de Seguridad Nacional que permitía estas operaciones?

«Evitar las actividades soviéticas e inspiradas por los soviéticos con el fin de acabar y desacreditar las ayudas y las actividades llevadas a cabo por los Estados Unidos.»

¿Cuántas copias se hicieron de esta acta secreta?

Tan solo tres. Una para la Casa Blanca, otra para el Departamento de Estado y otra para el almirante Roscoe H. Hillenkoetter, DCI cuando la CIA fue creada.

¿Cuándo recomendaba el NSC realizar este tipo de operaciones?

Cuando el objetivo marcado por la política exterior de Estados Unidos no se cumplía mediante medidas diplomáticas o cuando se decidía que las acciones militares eran o demasiado extremas o demasiado peligrosas.

¿Qué permitía a la CIA la llamada cláusula de 1949?

Esta cláusula a la llamada Acta de Seguridad Nacional de 1947 permitía a la CIA utilizar en secreto efectivos y presupuestos con el fin de contratar personal o compañías privadas fuera del control del Congreso.

¿Para qué se utilizaron estos fondos principalmente?

Para mantener a agentes residentes y a sus familias en áreas del planeta sensibles para la política de Estados Unidos, o para pagar sobornos a traidores o desertores pertenecientes a otros servicios de inteligencia extranjeros.

¿Qué directiva daba rienda suelta a la OSO, la Oficina de Operaciones Especiales?

La directiva del Consejo de Seguridad Nacional de junio de 1948. Esta directiva autorizaba a la CIA a «realizar acciones preventivas directas, incluyendo sabotajes, antisabotajes, demoliciones, actos subversivos contra Estados hostiles, incluyendo apoyo a grupos clandestinos de resistencia…».

¿Qué clasificación podía dar el DCI a las operaciones de la OSO en caso de que el Gobierno no quisiese inmiscuirse en ellas?

La de «negación recomendada». Esta clasificación era dada a toda aquella operación encubierta de la CIA de la que la Administración estadounidense no deseaba tener conocimiento de ella.

¿Cuál fue la mayor operación encubierta ordenada por la Oficina de Coordinación Política a la Oficina de Operaciones Especiales?

Una operación conjunta británica-estadounidense con el fin de infiltrar guerrillas en Albania para incitar revueltas contra el régimen comunista de Enver Hoxha.

¿Por qué fueron capturados todos los agentes de esta operación?

Por culpa de Harold Kim Philby, un espía del Servicio Secreto de Inteligencia o SIS, también conocido como MI6, y que trabajaba para los soviéticos. Este delató a todos los agentes británicos y estadounidenses que operaban en Albania.

¿Qué otra operación encubierta decidió la Oficina de Coordinación Política a la OSO en agosto de 1949?

Tras la explosión de la primera bomba atómica soviética en agosto de 1949, la Oficina de Coordinación Política ordenó el lanzamiento en paracaídas de inmigrantes ucranianos en la Unión Soviética. Los agentes portaban radiotransmisores para enviar sus informes a una estación de la CIA situada en Berlín occidental.

¿Cuánto duró esta operación?

Cerca de cinco años, aunque ningún agente consiguió enviar más de dos mensajes antes de caer en manos del KGB.

¿En qué operación se volcó la CIA entre 1950 y 1961?

En apoyar a las guerrillas nacionalistas chinas en Birmania con el deseo de establecer una China no comunista en el continente.

¿En qué operación en Filipinas estuvo involucrada la CIA?

En 1950 el teniente coronel Edward Lansdale, trabajando para la OPC de Wisner, liquidó la insurgencia Huk que intentaba acabar con Ramón Magsaysay, secretario de Defensa y más tarde elegido presidente de Filipinas con el apoyo de la CIA.

¿En qué operación en Irán estuvo involucrada la CIA?

En 1953, el agente experto en Oriente Medio Kermit Roosevelt preparó un golpe contra el primer ministro Mohamed Mossadegh y restauró en el trono al Sha Reza Pahlevi.

¿Qué nombre recibió esta operación?

«Ajax». Fue una operación conjunta con el MI6 británico, pero ellos la denominaron «Bota».

¿En qué operación la CIA tuvo como aliado al diario *The New York Times*?

En 1954 la CIA organizó un golpe de Estado contra el presidente de Guatemala, Jacobo Arbenz Guzmán, quien había decidido atacar los intereses de la poderosa United Fruit Company. El golpe de Estado fue organizado por el agente C. Tracy Barnes, otro graduado en Yale. Después de hablar con Allen Dulles, Arthur Hays Sulzberger, editor del *The New York Times*, ayudó al golpe sacando de Guatemala a su corresponsal, Sydney Gruson. Dulles había dicho a Sulzberger que la CIA no deseaba publicidad en el asunto de Guatemala. La implicación de Sulzberger en el golpe de Estado de Guatemala no se dio a conocer hasta 1997.

¿Cuándo comenzaron a operar los aviones espías U-2?

En julio de 1956. El programa U-2 fue desarrollado por la CIA bajo el mando de Richard Bissell.

¿Cuándo derribaron el primer U-2 los soviéticos?

El 1 de mayo de 1960. El U-2 pilotado por Francis Gary Powers fue derribado sobre Sverdlovsk por un misil tierra-aire. Estados Unidos primero intentó echar tierra sobre el incidente, para después alegar que el U-2 había perdido el rumbo. El programa U-2 fue puesto al descubierto cuando el piloto Powers, que sobrevivió al impacto del misil, declaró que espiaba para la CIA. El derribo del U-2 de Francis

Gary Powers sería en realidad el primer gran fracaso de la CIA en su larga historia. El derribo del avión había puesto al descubierto la primera operación secreta de la agencia.

¿Qué operación en Cuba resultaría uno de los mayores desastres de la CIA?

Bahía Cochinos, el 17 de abril de 1961. La CIA intentó invadir Cuba con una fuerza compuesta por 1.400 exiliados cubanos, reclutados y entrenados por la agencia. La idea era acabar con la revolución y con el régimen de Fidel Castro. La operación estaba dirigida por Richard Bissell y Howard Hunt. Las fuerzas cubanas aplastaron el intento de invasión matando a casi trescientos exiliados y capturando vivos a otros 1.189.

¿Cuál fue la reacción del presidente John F. Kennedy ante el desastre de Bahía Cochinos?

Declarar públicamente: «Deseo ver a la CIA destruida en mil pedazos».

¿Qué operación contra Cuba ordenó personalmente John F. Kennedy al nuevo DCI, John A. McCone?

La operación «Mangosta», que consistía sencillamente en realizar operaciones encubiertas con el único fin de asesinar a Fidel Castro.

¿Qué inventó la CIA para asesinar a Fidel Castro dentro de la operación «Mangosta»?

Un virus letal que podía ser disuelto en agua. La sustancia era inodora, incolora e insípida. Si Castro la ingería en el agua, en cuestión de segundos estaría muerto.

¿Por qué ordenó el presidente Kennedy la operación «Mangosta» al DCI, John McCone?

Por el fiasco y varapalo sufrido por la CIA en el intento de desembarco en la operación de Bahía Cochinos. Para ello, Robert Kennedy dijo al DCI: «Entregaremos cualquier cantidad de dinero, medios, equipos u hombres para conseguir acabar con Castro».

¿Quién debía controlar la operación «Mangosta»?

El llamado «Grupo Especial» de la Casa Blanca (SGA), formado por el general Maxwell Taylor, consejero militar del presidente Kennedy; Robert McNamara, secretario de Defensa; Dean Rusk, secretario de Estado; Robert Kennedy, fiscal general de Estados Unidos; John McCone, DCI; McGeorge Bundy, consejero de Seguridad Nacional; Alexis Johnson, vicesecretario de Estado; Roswell Gilpatric, vicesecretario de Defensa, y el general Lyman L. Lemnitzer, presidente de la Junta de Jefes de Estado Mayor.

¿Cuántas reuniones tuvo el SGA sobre la llamada operación «Mangosta»?

Hubo 42 entre enero y octubre de 1962.

¿Quién era el máximo jefe de la operación «Mangosta»?

El brigadier general Edward Lansdale, uno de los favoritos de Kennedy y con amplios conocimientos en guerra de guerillas.

¿En cuántas partes se dividía la operación «Mangosta»?

En seis. Lansdale las diseñó para ser ejecutadas en 1962.

— Ayudar al pueblo de Cuba a abandonar el régimen comunista con un nuevo Gobierno.
— Acciones guerrilleras a lo largo de toda la isla entre agosto y septiembre de 1962.
— Organizar revueltas en las principales ciudades.
— En octubre de 1962 organizar un Gobierno.
— Realizar actos de sabotaje a redes de comunicaciones.
— Como punto final al plan, establecer una fuerza de invasión del Ejército de Estados Unidos.

¿Por qué el SGA rechazó el plan de Lansdale?

Porque un informe de la CIA indicaba que las fuerzas cubanas lucharían palmo a palmo en cada rincón de la isla y que la resistencia iba a ser muy importante.

¿A quién se le ocurrió asesinar a Fidel Castro?

A Robert McNamara, secretario de Defensa, durante una reunión del SGA llevada a cabo el 10 de agosto de 1962. McNamara planteó abiertamente asesinar al líder cubano. Dos hombres que asistían a la reunión protestaron, John McCone, DCI, y Edward Murrow, director de la Agencia de Información de Estados Unidos. El 23 de agosto de 1962 el propio presidente Kennedy paralizó la operación. En octubre de 1962 Robert Kennedy dio orden a McCone de paralizar cualquier operación encubierta contra Cuba. La crisis de los misiles planeaba ya sobre la Casa Blanca.

¿Qué descubrieron los U-2 de la CIA en octubre de 1962 sobrevolando Cuba?

Misiles balísticos soviéticos y plataformas de lanzamiento. Ese descubrimiento provocó la llamada «Crisis de los Misiles» o la «Crisis de Octubre», que casi estuvo a punto de provocar una guerra nuclear entre Estados Unidos y la Unión Soviética.

¿Qué error tuvo la CIA en la crisis cubana?

La CIA calculó erróneamente en 8.000 el número de tropas soviéticas desplegadas en Cuba cuando realmente eran 40.000. El segundo error fue no descubrir que los soviéticos estaban desplegando 134 misiles con cabezas nucleares en la isla caribeña.

Tras el asesinato del presidente Kennedy, ¿cuál sería el nuevo escenario de operaciones secretas para la CIA?

Vietnam.

¿Qué era el llamado «Programa Fénix»?

La operación de la CIA sucedida entre 1967 y 1971 con el fin de identificar y destruir el aparato político comunista en Vietnam del Sur. Las fuerzas utilizadas en el proyecto Fénix estaban formadas por agentes de la CIA, soldados estadounidenses, policía survietnamita y operativos de la Organización Central de Inteligencia de Vietnam del Sur.

¿Qué otro nombre recibió el Programa Fénix?

ICEX, o Coordinación y Explotación de Inteligencia. El ICEX tenía como fin el detectar la infraestructura del Vietcong y neutralizarla. Sus acciones consistían en el asesinato de un gran número de dirigentes políticos y militares norvietnamitas, sindicalistas, survietnamitas con simpatías hacia el norte, comunistas, etcétera. Estos eran ejecutados por asesinos de la CIA altamente entrenados. La mayor parte de ellos procedían de las fuerzas especiales estadounidenses.

¿Qué agente de la CIA cambió el nombre de ICEX por el de Fénix?

Robert W. Komer. Su segundo al mando en Fénix durante el año 1968 era William Colby, quien en 1973 sería nombrado DCI.

¿Cuáles son las cifras del Programa Fénix?

28.000 detenidos, 17.000 sospechosos perdonados y 20.587 «ejecutados».

¿En que planes de asesinatos de líderes políticos estuvo implicada la CIA?

En el intento de asesinato de Patrice Lumumba, primer ministro de la República del Congo, y en el asesinato, el 30 de mayo de 1961, del dictador de la República Dominicana Rafael Leónidas Trujillo. Los asesinos no eran de la CIA, pero las armas utilizadas, sí.

¿Utilizó la CIA a sacerdotes, estudiantes o periodistas en alguna operación?

Sí. A través de la Asociación Nacional de Estudiantes y a través de revistas como *Der Monat* en Alemania o *Encounter* en Gran Bretaña.

OPERACIONES

¿Qué dio luz verde nuevamente a las operaciones clandestinas de la CIA en los países árabes?

Los ataques terroristas del 11 de septiembre de 2001 contra las Torres Gemelas y el Pentágono.

¿Qué orden se dio a un agente de la CIA justo una semana después de los atentados del 11-S?

«Tu misión es encontrar a Osama bin Laden, matarlo y traernos su cabeza en una caja de hielo líquido, para que yo se la lleve al presidente. A sus lugartenientes podéis cortarles la cabeza y clavarlas sobre estacas.» Estas palabras fueron pronunciadas por Cofer Black, director adjunto de la división antiterrorista de la CIA.

¿A qué agente de la CIA se le dio esta orden?

A Gary Schroen, autor del libro *First In: An Insider's Account of How the CIA Spearheaded the War on Terror in Afghanistan* (El primero en llegar: Relato desde dentro sobre como la CIA lideró la guerra contra el terrorismo en Afganistán).

¿Cuántos agentes formaban el equipo de «caza y liquidación»?

Siete, incluyendo a Gary Schroen. Aterrizaron en Afganistán con armas ligeras, un ordenador, transmisores de radio, paquetes de café y tres millones de dólares en billetes de cien.

¿Qué operación ilegal montó la CIA en varios países europeos por orden del presidente George Bush?

Secuestros de ciudadanos árabes en Italia, Alemania y Suecia sospechosos de colaborar con grupos extremistas islámicos. Una vez secuestrados, estos eran entregados a terceros países, la mayor parte de ellos a Egipto, donde eran torturados e interrogados.

¿Qué nombre llevó esta operación?

Operación «Rendición».

¿Por qué se retiraron los efectivos de la CIA de Afganistán?

Los altos mandos de la CIA decidieron trasladar a sus agentes a Iraq para preparar la invasión que sucedería en marzo de 2003.

¿Cuál fue la primera misión de los agentes de la CIA en Iraq?

Localizar armas de destrucción masiva o WMD (Iraq's Continuing Programs for Weapons of Mass Destruction), con el fin de justificar la invasión estadounidense que se avecinaba. A mediados del año 2004 esas armas no fueron encontradas.

¿Cuál fue el error del DCI George Tenet con respecto al WMD?

Ordenar que fueran los analistas de la CIA los que realizasen los informes para operaciones especiales. Poco después, se sabría que los analistas de la CIA que crearon los informes sobre el programa WMD iraquí y que justificó la invasión estadounidense se habían servido de una sola fuente. Los analistas creían que al menos los datos habrían sido confirmados por agentes de campo, cosa que no fue así.

¿Cuántos aviones espías estadounidenses han sido derribados o atacados?

Se calcula que entre abril de 1950 y abril de 2001 han sido derribados cerca de 21 aparatos espías. El primero, el 18 de abril de 1950, un PB4Y, fue derribado por cazas soviéticos sobre el mar Báltico. Ninguno de los diez tripulantes sobrevivió. El último, el 1 de abril de 2001, un Orion EP-3E, fue atacado por cazas chinos J-8 y obligado a aterrizar en las islas Hainan. La tripulación, compuesta por 24 hombres y mujeres, fueron liberados el 12 de abril. El avión fue reparado por técnicos estadounidenses y transportado fuera de China en el interior de un Antonov AN-124, en julio de 2001.

¿Cuántos pilotos de aviones espías han sido asesinados en acción?

150. En 1992 el presidente de Rusia, Boris Yeltsin, reconoció que 12 pilotos estadounidenses derribados habían sido capturados por el KGB, aunque no creía que ninguno de ellos estuviera vivo tras la desaparición de la Unión Soviética en 1991. En 1997 la NSA reconoció que cerca de 64 criptólogos habían perdido la vida en reconocimientos aéreos.

¿Cuántas personas habían sido investigadas por la NSA y la CIA hasta 1975?

1.700 ciudadanos estadounidenses y casi 6.000 extranjeros, a los que se les había interceptado el correo, grabado sus conversaciones telefónicas y sometido a seguimiento y escuchas. Este dato se hizo público durante las audiencias del Comité Church.

¿En qué operación trabajó la Inteligencia Militar estadounidense con la CIA?

En el llamado «Programa Fénix».

¿Qué función tuvo la llamada operación «Azorian»?

La operación fue montada por la CIA utilizando los buques de exploración de la Hughes Glosar con el fin de localizar un misil nuclear perdido por un submarino atómico soviético en el océano Pacífico.

¿A qué se denominó «El Túnel de Berlín»?

Fue una operación angloestadounidense y que consistía en la construcción de varios túneles que uniesen Berlín oriental con Berlín occidental. Todos ellos pasaban debajo del Muro de Berlín. La idea del túnel de Berlín apareció tras la construcción de varios túneles en Viena que unían los sectores británicos, franceses y estadounidenses pasando bajo el sector soviético durante la posguerra. Aunque la operación se llevó a cabo entre el MI6 y la CIA, eran estos últimos los que pagaron los costes de la construcción.

¿Qué director de la CIA autorizó el proyecto «Túnel de Berlín»?

Allen W. Dulles, en 1954.

¿Qué dos agentes fueron puestos por británicos y estadounidenses al mando de la operación?

Por la CIA, William K. Harvey. Por el MI6, George Blake. Años después se descubriría que Blake era un agente del KGB infiltrado en el MI6.

¿Cuánto medía el túnel más grande?

270 metros de largo, 2,10 metros de alto, y estaba excavado a casi cinco metros de profundidad.

¿Qué primeros éxitos trajo consigo la construcción del túnel?

Los estadounidenses y los alemanes plantaron micrófonos a lo largo de todo el túnel principal, lo que les permitió escuchar las comunicaciones del Cuartel General del Ejército Soviético en Zossen, cerca de Berlín; las conversaciones entre Moscú y su embajada en Berlín oriental, y las comunicaciones oficiales entre los soviéticos y los alemanes orientales.

¿Cuándo detectaron los soviéticos el túnel?

El 21 de abril de 1956. Los soldados soviéticos y alemanes orientales encontraron el túnel, dando una gran publicidad al hallazgo. Seguidamente, inyectaron en su interior pesticidas y cemento armado para sellarlo. En 1961, tras la detención de George Blake, del MI6, por agentes del contraespionaje MI5, este confesó que había pasado la información del túnel a su contacto en el KGB.

¿A qué se denomina «Gran Safari»?

A un programa de la oficina de inteligencia de las Fuerzas Aéreas responsable de los aviones espías. Un «gran safari» es el término utilizado por sus pilotos a las misiones de espionaje de larga duración o largos trayectos. Los aviones sin tripulante utilizados durante la guerra de Kosovo en 1999 fueron trasladados al programa «Gran Safari».

¿A qué se denominó «Escudo Negro»?

A la misión de aviones espías utilizados por las fuerzas estadounidenses y la CIA desde 1967 a 1968 en vuelos sobre Vietnam del Norte. El cuartel general de la operación «Escudo Negro» se encontraba en la base de las Fuerzas Aéreas en Kadena, Okinawa.

¿Qué fue la operación «Campana Azul»?

A la operación organizada por la CIA que consistía en la infiltración de agentes de la agencia en Corea del Norte cuando la guerra había dado ya comienzo en junio de 1950. Los operativos eran en su mayoría surcoreanos que se infiltraban en las filas de refugiados norcoreanos que regresaban a sus casas. La mayor parte de los agentes de la operación «Campana Azul» fueron capturados, mientras que otros consiguieron transmitir información valiosa a los agentes estadounidenses.

¿Qué fue la operación «Luna Azul»?

Nombre en código de los vuelos de reconocimiento a gran altura realizados por los aviones espía U-2 sobre Cuba en octubre de 1962.

¿Qué fue la operación «Botón de Bronce»?

Nombre en código de los vuelos de reconocimiento a baja altura realizados por los aviones espías F8U Crusaders sobre Cuba en octubre de 1962.

¿A qué se llamaba la «Brigada 2056»?

A la unidad entrenada por la CIA y formada por miembros del exilio cubano para el desembarco en Bahía Cochinos. La Brigada 2056 fue entrenada en Guatemala. El número 20 era un prefijo para confundir a los servicios secretos cubanos, y el 56, el número de sus miembros que perdieron la vida durante los entrenamientos.

¿A qué se denominaba los «Cazadores de Búfalos» en la CIA?

A los aviones de reconocimiento de las Fuerzas Aéreas de Estados Unidos y encargados de recolectar información táctica y estratégica en vuelo sobre Vietnam del Norte en los años sesenta y setenta.

¿Qué función tenían las operaciones «Cinnamon» y «Gamba»?

Proyectos de pacificación en áreas de Vietnam del Sur. Estos dos proyectos estaban patrocinados por la CIA y llevados a cabo en la década de los sesenta. Para ello medio millar de paramilitares fueron enviados a Vietnam como si fueran hombres de negocios, y estos se desplegaron en la vía ferroviaria entre Saigón y Vung Tao, el área principal de operaciones de la guerrilla comunista. Las tareas principales del grupo consistían en facilitar información de inteligencia de la zona al ejército de Vietnam del Sur.

¿A qué se denomina Grupo de Defensa Civil Irregular (CIDG)?

A la fuerza de guerrilleros tribales de Vietnam del Sur organizada por la CIA en 1961 para combatir a la guerrilla comunista. Esta fuerza combatía principalmente en las montañas y en mitad de zonas selváticas, en donde era muy difícil suministrar fuerzas. En 1963 las CIDG estaban compuestas por cerca de 12.000 hombres repartidos en 200 aldeas. Cada grupo estaba asistido por un oficial de la CIA y por miembros de las Boinas Verdes expertos en operaciones de contrainsurgencia.

¿A qué se llamó operación «Pies Fríos»?

Al lanzamiento en paracaídas de dos agentes de la CIA, el 28 de mayo de 1962, sobre una antigua estación soviética abandonada en el Ártico. Su misión era la de recabar información soviética sobre guerra antisubmarina en la estación polar. Los dos agentes, James F. Smith y Leonard A. LeSchack, consiguieron regresar sanos y salvos con 83 documentos soviéticos de «alto secreto» y 21 piezas de diferentes equipamientos. También consiguieron realizar cerca de dos centenares de fotografías.

¿A qué se llamó «La Empresa»?

A los miembros de la CIA y del Consejo de Seguridad Nacional del presidente Reagan que participaron en el escándalo «Irangate».

¿A qué se denomina como las «Joyas de Familia»?

A la lista de operaciones encubiertas de la CIA y recopiladas en una lista por orden del DCI James R. Schlesinger. Nombrado en pleno escándalo Watergate y tras la dimisión de Richard Helms como DCI, Schlesinger pidió una lista detallada de todas las operaciones encubiertas en curso y recientes con el fin de analizar cuantas de ellas eran ilegales. La lista estaba compuesta por 690 operaciones encubiertas.

¿Cuál era la operación de las «Joyas de la Familia» con mayor número de páginas?

La operación «Mkultra»; consistía en los experimentos llevados a cabo durante la dirección de Richard Helms, de alucinógenos y drogas en detenidos con el fin de ser interrogados. El *dossier* de la operación «Mkultra» estaba formado por entre cuatro mil y cinco mil páginas. Uno de sus capítulos incluía el «lavado de cerebro» en prisioneros y agentes enemigos.

¿Cuándo se hicieron públicas las «Joyas de la Corona»?

En diciembre de 1974 el periodista del *The New York Times* Seymour Hersh publicó la primera historia sobre una de las joyas, la llamada operación «Chaos». Tras aparecer publicada, el presidente Ford pidió a Colby que le revelase toda la lista de joyas. Alguna de ellas demostraba la implicación de la CIA en asesinatos de líderes extranjeros. En 1976 los documentos fueron desclasificados por orden del llamado *Informe Final del Comité Selecto para el Estudio de Operaciones Gubernamentales con Respecto a las Actividades de Inteligencia*, conocido también como Comité Church. Actualmente los documentos referidos a las «Joyas de la Corona» están desclasificados.

¿A qué se llamó el «Comité Cuarenta»?

Al grupo del Consejo de Seguridad Nacional que se ocupaba de aprobar las operaciones encubiertas de la CIA. El «Cuarenta» era el nombre que recibía en los años setenta y que con frecuencia cambiaba de nombre. James Gardner, un funcionario retirado del Departamento de Estado y que fue oficial de enlace entre el Comité y el Comité de Inteligencia del Congreso, aseguró que, entre 1972 y 1974, el «Cuarenta» autorizó hasta cuarenta acciones encubiertas.

¿Quién presidía el ultrasecreto «Comité Cuarenta»?

Henry Kissinger, consejero de Seguridad Nacional y más tarde Secretario de Estado. Kissinger emitía su voto por teléfono.

¿Quiénes formaban el «Comité Cuarenta»?

William Colby, DCI; William Clements, vicesecretario de Estado de Defensa; general George Brown, presidente de la Junta de Jefes de Estado Mayor, y Joseph Sisco, vicesecretario de Estado para Asuntos Políticos.

¿Qué fue la operación «Gamma»?

Operación de inteligencia estadounidense durante los años sesenta contra ciudadanos de Estados Unidos que visitaban Vietnam del Norte durante la guerra de Vietnam. Esta operación autorizaba a los agentes de la CIA, la DIA, el FBI y la NSA a intervenir sus teléfonos y su correo.

¿Qué programa llevaba el nombre clave de «Genetrix»?

Al programa de las Fuerzas Aéreas desarrollado durante los años cincuenta y que consistía en la utilización de globos para realizar fotografías para tareas de espionaje. Cargados con cámaras fotográficas, las Fuerzas Aéreas lanzaron 287 globos desde diferentes puntos de Europa. Cuarenta fueron recogidos en el Pacífico y los otros lanzados sobre la Unión Soviética. Estos no fueron nunca recuperados.

¿Quién estaba al mando de los experimentos de la CIA con sustancias alucinógenas?

Sydney Gottlieb. Este lideraba el controvertido programa experimental de la agencia sobre control mental. Gottlieb fue jefe de la División de Servicios Técnicos de la CIA durante más de veinte años. Su más notorio trabajo fue el programa Mkultra, en el que se inyectaban drogas como LSD. Gottlieb inventó el potente veneno que se debía suministrar a Fidel Castro. El oficial de la CIA supervisaba personalmente todos los experimentos. Durante los años cincuenta y sesenta suministró todo tipo de drogas a cientos de víctimas, incluyendo prisioneros y enfermos mentales. El propio Gottlieb suministró a un paciente personalmente LSD durante 174 días seguidos. Sydney Gottlieb falleció en 1999, a los ochenta y un años de edad, adicto a las drogas.

¿A qué se llamó el «Plan Huston»?

A la operación, ordenada por la Casa Blanca de Nixon, para controlar a los disidentes antiguerra del Vietnam en 1970. El nombre era debido a Tom Charles Huston, un miembro de la Casa Blanca y que se ocupaba de tareas denominanadas de «Inteligencia Doméstica». El Plan Huston fue creado en julio de 1970 después de que Nixon, durante una reunión estableciera un Comité Interagencia de Inteligencia presidida por J. Edgar Hoover, director del FBI. El Plan Huston fue aprobado por Nixon y se dio órdenes a Hoover para que llevase a cabo la tarea de inteligencia. El problema es que Hoover no quería utilizar a los agentes del FBI para violar una ley aprobada por el Congreso en 1966 y que impedía a las agencias federales espiar dentro del territorio de Estados Unidos. Hoover exigió al fiscal general, John Mitchell, que todas las órdenes sobre el Plan Huston debían ser dadas por escrito por el propio presidente. Mitchell convenció a Nixon para que retirase su apoyo al Plan Huston.

¿Quién sustituyó a Tom Charles Huston al cargo de operaciones «Inteligencia Doméstica» en la Casa Blanca?

John Dean, quien más tarde sería acusado de formar parte de la conspiración que desembocó en el escándalo Watergate.

¿Qué fue la operación «Ichthyic»?

El nombre en código de la operación consistente en recolectar información sobre la costa de Corea del Norte y la Siberia soviética por parte del buque espía *Pueblo*. La operación fue cancelada tras la captura el 23 de enero de 1968 del *Pueblo* por parte de fuerzas norcoreanas.

¿Cuándo comenzó a ser Sadam Husein objetivo de la CIA?

En 1968, cuando el líder iraquí se hizo con el poder absoluto en Iraq. En 1979 depuso al presidente títere y se hizo con el control del país, incluyendo su Ejército, su partido único y sus servicios de seguridad, policía e inteligencia.

¿Cuándo fueron desplegados el mayor número de agentes de la CIA en Iraq?

En marzo de 2003, cuando el presidente George W. Bush ordenó la invasión de Iraq y el derrocamiento de Sadam Husein.

¿Qué unidad de la CIA fue desplegada justo un mes antes del comienzo de la invasión?

El llamado Grupo de Supervivencia en Iraq. Estaba compuesto por 1.400 agentes y oficiales de la CIA y su misión era la de encontrar armas de destrucción masiva, la razón impuesta por Bush y el primer ministro británico, Tony Blair, para invadir Iraq.

¿Cuál fue el mayor éxito de la DIA en Iraq?

La localización y detención de Sadam Husein el 13 de diciembre de 2003. El líder iraquí se encontraba escondido en un agujero cavado bajo el suelo en una granja en Adwar, cerca de Tikrit.

¿Qué concedió el secretario de Defensa, Donald Rumsfeld, a la CIA?

El ser los primeros en interrogar a Sadam Husein.

¿A qué se llamó operación «Minarete»?

A un programa de la Agencia de Seguridad Nacional, y clasificada de «alto secreto», consistente en interceptar comunicaciones de extranjeros o ciudadanos estadounidenses sospechosos de participar en actividades contra la guerra del Vietnam. La operación fue aprobada el 1 de julio de 1969.

¿A qué se llamó operación «Momentum»?

A un programa de la CIA consistente en entrenar a tropas nativas Hmong Meo en Laos para combatir a insurgentes comunistas durante los años sesenta. Las tropas Hmong y las unidades regulares del ejército laosiano eran utilizadas por el Ejército estadounidense para combatir a las unidades de Vietnam del Norte infiltradas en Laos.

¿Cómo se denominaba a la unidad del ejercito de Estados Unidos encargada del entrenamiento de las tropas Hmong Meo?

Grupo Asesor de Asistencia Militar de Estados Unidos o MAAG. El MAAG se retiró de Laos tras los acuerdos de Ginebra en 1962, aunque mantuvieron una presencia militar reducida hasta el final de la guerra del Vietnam.

¿A qué se llamó operación «Mosquito»?

A un plan sugerido al presidente Ronald Reagan en 1981 por Alexandre de Marenches, jefe de la inteligencia francesa. La operación consistía en una operación de desinformación contra las tropas soviéticas en Afganistán. La idea era vender drogas a los soldados soviéticos. Los vendedores, controlados por agentes de la DEA, serían ciudadanos paquistaníes y afganos. La idea era de los servicios secretos franceses, pero la operación «Mosquito» no vio nunca la luz por desacuerdos con William Casey, DCI.

¿Con qué famosa organización realizó la CIA operaciones encubiertas?

Con la National Geographic Society. La operación más secreta llevada a cabo entre la CIA y la National Geographic sucedió en 1964, cuando China hizo explotar en una zona remota del país su primer ingenio nuclear. La idea de colaboración surgió del general Curtis LeMay, de las Fuerzas Aéreas y miembro del Consejo de la National Geographic, y de Barry Bishop, miembro de la revista, quien en 1963 formó parte de la primera expedición estadounidense en ascender al Everest. Mientras diversos equipos escalaban montañas en la cordillera del Himalaya, sus miembros plantaban detectores de detonaciones de armas nucleares que enviaban una señal a los satélites espías.

¿Cuándo dio comienzo la colaboración entre los servicios de espionaje estadounidense y la National Geographic Society?

Durante la Segunda Guerra Mundial cuando la National Geographic Society decidió abrir sus archivos fotográficos a los miembros de inteligencia militar, principalmente de aquellas zonas fotografiadas por sus fotógrafos para la revista y que ahora eran zonas ocupadas por las fuerzas del Eje. También los precisos mapas de la National Geographic ocupaban un puesto destacado en la sala de mapas de la Casa Blanca durante la Segunda Guerra Mundial. Durante los años de la Guerra Fría, el antiguo edificio de la National Geographic fue utilizado para vigilancias del FBI debido a que al otro lado de la calle se encontraban edificios diplomáticos de la Unión Soviética. Más tarde, el FBI se trasladó a uno contiguo perteneciente a la Federación Americana del Trabajo, desde el que tenían mejor campo de visión.

¿Qué demostró la intervención de la CIA en la guerra del Vietnam?

Los Papeles del Pentágono. Cerca de 4.000 páginas de documentos de 7.000 que componía el *dossier* sobre la intervención del espionaje estadounidense en el país asiático mucho antes incluso del comienzo de la guerra. Las cuatro mil páginas fueron fotocopiadas por el funcionario Daniel Ellsberg y entregadas al diario *The New York Times*. Más tarde, el diario *The Washington Post* también consiguió una copia. Ellsberg había sido transferido desde el Pentágono al Departamento de

Estado, en donde llegó a ser consejero de la embajada de Estados Unidos en Saigón, durante la administración Johnson.

¿Qué años cubrían los Papeles del Pentágono?

La intervención de Estados Unidos en la región desde comienzos de la década de los cuarenta a marzo de 1968. Los Papeles eran un estudio sobre el papel de Estados Unidos en la zona ordenada por Robert McNamara en junio de 1967. El *The New York Times* comenzó a publicar los papeles el 13 de junio de 1971 bajo la presidencia de Richard Nixon. El 15 de junio el Gobierno intentó paralizar la publicación. Kissinger, consejero de Seguridad Nacional, había convencido a Nixon para que este presentase batalla por el impacto que supondría la información aparecida en los Papeles del Pentágono. Henry Kissinger temía las reacciones de las naciones asiáticas al conocer las operaciones de espionaje estadounidense en la zona. El Gobierno no consiguió la paralización y poco a poco varios periódicos más comenzaron también a hacerse eco de la información aparecida en los Papeles del Pentágono.

¿A qué se llama la «Fuerza Aérea» de la CIA?

Al programa desarrollado con las Fuerzas Aéreas de Estados Unidos y conocido como «Vehículo Aéreo No Tripulado». A este pequeño avión se lo conoce también con el nombre de «Predator». Utilizado en un primer momento para misiones de reconocimiento, la CIA decidió armarlo con misiles «Stinger» aire-aire.

¿Qué funciones ha dado la CIA al «Predator»?

Ha sido empleado en el ataque a vehículos en los que viajaban supuestos terroristas en Yemen y Afganistán.

¿Qué es un «Predator»?

Un Vehículo Aéreo No Tripulado (UAV, en inglés) y utilizado como avión espía de altitud media. Construido y diseñado por la compañía General Atomics Aeronautical Systems de San Diego. El primer vuelo del «Predator» fue en junio de 1994. La primera misión del UAV fue entre julio y octubre de 1995 en la antigua Yugoslavia. Durante las primeras misiones de los «Predator», los UAV volaron 850 horas sobre Bosnia. En 1996 y después en 1998 fueron nuevamente desplegados en Hungría, Gran Bretaña, Francia y Alemania para vigilar las posiciones de artillería en el conflicto yugoslavo. En 1999 los «Predators» volaron otra vez sobre Kuwait. La CIA comenzó a utilizar los UAV en la campaña de Afganistán en octubre de 2002 para detectar posiciones de los talibanes y sobrevolar zonas en donde la CIA creía que existían guaridas de terroristas de Al-Qaeda. En noviembre de 2002 la CIA y las Fuerzas Aéreas comenzaron a probar el UAV armado con un misil aire-aire «Stinger». Ese mismo mes la CIA lanzó un «Predator» contra un vehículo en el que supuestamente viajaban seis terroristas talibanes por una carretera de Yemen. El vehículo saltó por los aires al impactar un misil Hellfire. Los UAV han sido también desplegados en Iraq para localizar zonas afectadas por armas químicas o bacteriológicas, así como para misiones de asesinato. En la actualidad las Fuerzas Aéreas están diseñando un «Predator B UAV» en el que se pondrán instalar seis misiles en lugar de los dos que porta el «Predator» hoy día.

¿Qué fue Radio Europa Libre?

Una operación de propaganda montada por la CIA en 1948. La RFE fue establecida bajo una directiva secreta del Consejo de Seguridad Nacional y que autorizaba a Estados Unidos a realizar tareas de propaganda en los países bajo control de la Unión Soviética. Las transmisiones de RFE se realizaban en todas las lenguas habladas en los países de la Europa del Este, desde el húngaro al búlgaro, desde el rumano al ruso.

¿Qué provocó un incidente diplomático entre Alemania y Estados Unidos por causa de las transmisiones de la RFE?

En octubre de 1956, cuando los húngaros intentaron levantarse contra el poder soviético y el Gobierno comunista de Budapest, Radio Europa Libre lanzaba desde sus ondas soflamas animando el levantamiento contra el comunismo. Por fin, la Unión Soviética envió tanques a Hungría. En dos semanas de combates casi 7.000 húngaros fueron asesinados. El Gobierno de la República Federal de Alemania demandó a Washington la retirada de la RFE alegando que desde sus ondas habían animado a una población a levantarse contra los soviéticos provocando la matanza de miles de húngaros que no estaban preparados para resistir. El secretario de Estado, John Foster Dulles, se defendió alegando que su Gobierno apoyaba la «liberación de las naciones cautivas» de la Europa del Este tras el Telón de Acero. Su hermano, Allen Dulles, director de la CIA, también creía en esa doctrina, pero la República Federal de Alemania no deseaba enemistarse demasiado con su hermana, la República Democrática de Alemania. Posteriormente, también comenzaría a emitir Radio Libertad, exclusivamente con fondos del Gobierno estadounidense. La relación de la CIA con Radio Europa Libre y Radio Libertad no se conoció hasta 1975, cuando la Comisión Rockefeller obligó a la CIA a hacerlo público. Ambas emisoras de radio continuaron emitiendo en 25 lenguas hasta después del fin de la Guerra Fría.

¿A que se llamó programa «Arco Iris»?

Al programa técnico desarrollado por Estados Unidos para reducir la señal de radar de los aviones espías U-2. Aunque lo intentaron, los soviéticos consiguieron detectar incluso el primer vuelo del U-2 sobre la Unión Soviética ocurrido el 4 de julio de 1957. Años después, el SR-71 «Pájaro Negro» consiguió evitar ser detectado por los radares volando a cierta altura y a cierta velocidad. Sería muchos años más tarde cuando los estadounidenses conseguirían crear un avión invisible, el F-117 A «Stealth».

¿Qué se conoce en el mundo del espionaje como una «Valkiria»?

Al avión de reconocimiento y ataque RS-70. Bombardero supersónico estratégico de alta altitud. Fue desarrollado en los comienzos de 1954 cuando el general Curtis LeMay era comandante en jefe del Mando Estratégico y se necesitaba un sustituto del famoso B-52. En agosto de 1960 el programa incluía ya a 13 prototipos con mayor tecnología y conocidos como XB-70. El RS-70 podía mantenerse en vuelo durante un ataque nuclear, identificar el enemigo y golpear con misiles nucleares aire-tierra. El 21 de septiembre de 1964 el primer RS-70 consiguió alcanzar Match-3 durante 32 minutos. El segundo prototipo desarrollado fue destruido cuando colisionó en pleno vuelo con un caza F-104 durante una exhibición el 8 de junio de 1966. El XB-70 fue transferido desde las Fuerzas Aéreas a la NASA y su último vuelo sucedió el 4 de febrero de 1969.

¿A qué se llamó operación «Siete Puertas»?

A la operación de inteligencia estadounidense, consistente en el reclutamiento de oficiales de inteligencia soviética o bien desertores en el lugar. La operación finalizó en Teherán, Irán, en 1967, cuando estadounidenses y soviéticos se dedicaban a intentar reclutarse los unos a los otros.

¿Cuándo se conoció públicamente la llamada operación «Siete Puertas»?

En 1979, cuando los estudiantes islámicos asaltaron la embajada de Estados Unidos en Teherán. En los archivos estaban todos los documentos relativos a esta operación.

¿A qué se conoció como operación «Solo»?

A la operación de contrainteligencia desarrollada por el FBI contra el Partido Comunista de Estados Unidos. Desde la mitad de 1950 a 1977, dos hermanos, Jack y Morris Childs, fueron utilizados como correos por Moscú para llevar fondos a los miembros del Partido Comunista. Lo que nadie sabía era que los hermanos Childs eran informantes del FBI. Morris, nacido en Ucrania, se unió al Partido Comunista en 1921 y fue enviado a la Escuela Lenin de Moscú. Allí fue entrenado como espía para realizar operaciones encubiertas en Estados Unidos. Jack era dirigente de la Liga de Jóvenes Comunistas de Estados Unidos y fue enviado a Moscú para estudiar.

¿A qué famoso líder estadounidense acusaron los hermanos Childs de ser comunista?

A Martin Luther King, líder de los derechos civiles. Con esta información, J. Edgar Hoover, director del FBI, comenzó una campaña de descrédito contra King. La primera información aparecida sobre la operación «Solo» fue publicada en el libro *The FBI and Martin Luther King: From «Solo» to Memphis* (1981), del historiador David Garrow. En el libro se habla de la buena relación entre Morris Childs con un tal Yuri Andropov, quien años más tarde sería nombrado presidente del KGB y máximo líder de la Unión Soviética. Los Childs habían sido enviados por Andropov para realizar misiones en China y Cuba. Gracias a estas informaciones entregadas por los propios hermanos Childs, Estados Unidos supo más de las relaciones soviético-chinas de lo que habían sabido hasta entonces.

¿A qué se conoce como Task Force 1?

A las operaciones encubiertas de inteligencia de la Marina de Estados Unidos, y en especial a aquellas en las que están involucrados barcos de guerra o efectivos de la Marina. Estas unidades son también llamadas «Grupos de Apoyo de Operaciones en el Campo Naval» (NFOSG, en inglés).

¿A qué se conoce como Task Force 2?

A los grupos de la CIA establecidos para responder a crisis internacionales y especialmente formados por paramilitares. Estas unidades están compuestas por entre 25 y 100 hombres, incluyendo analistas, especialistas militares y oficiales de inteligencia. En 1960 la CIA estableció la Task Force Congo y la Task Force Cuba. En los años setenta la CIA estableció también la Task Force Libia, la Task Force Portugal con el fin de combatir al comunismo en Angola, antigua colonia portuguesa.

¿A qué se conoce como Task Force 20?

A la unidad del Ejército de Estados Unidos que participaron en el conflicto iraquí de 2003. Su tarea era la de localizar armas de destrucción masiva biológicas, químicas o nucleares. La Task Force 20 estaba compuesta por miembros de las Fuerzas Especiales del Ejército de Estados Unidos. La Task Force 20 realizó el rescate de la soldado Jessica Lynch capturada por los iraquíes durante una escaramuza.

¿A qué se conoce como Task Force 157?

Durante la década de los años setenta la Task Force 157 estuvo involucrada en diferentes operaciones encubiertas, misiones de inteligencia. Esta informaba directamente al Consejero de Seguridad Nacional del presidente Nixon, Henry Kissinger. La 157 estaba compuesta por cerca de 75 agentes de la CIA, incluyendo a Edwin Wilson, quien fue condenado años después por vender armas a Libia. La TF-157 tenía su sede en un edificio cuya placa de entrada indicaba Pierce Morgan Asocciated, una consultora de asuntos marítimos. La sede se encontraba en un edificio del Gobierno en Alexandria, Virginia. La existencia de la unidad era secreta. La primera referencia a la TF-157 fue tras la declaración del vicealmirante Gaddis, subdirector del Departamento de Logística de Operaciones Navales, en una audiencia en el Senado. Gaddis nombró a la ultrasecreta TF-157. Una de las operaciones realizadas por la TF-157 fue la de contratar buques bajo bandera iraní para controlar las comunicaciones de los barcos soviéticos en el golfo Pérsico. Asimismo, la TF-157 realizó tareas de inteligencia para preparar el viaje de Richard Nixon a China. En 1972 ayudaron a minar varios puertos norvietnamitas. En octubre de 1973 avisaron a los israelíes, durante la guerra del Yom Kippur, que Egipto había embarcado armas nucleares. En octubre de 1974 se descubrió la relación del oficial de la

CIA Edwin Wilson con traficantes de armas, Libia y la TF-157. En julio de 1976 el vicealmirante Bobby Ray Inman, director de la NSA, decidió eliminar la Task Force 157, que se hizo efectiva el 30 de septiembre de 1977.

¿A qué se conoce como Task Force 168?

Cuando la Task Force 157 fue eliminada el 30 de septiembre de 1977, las operaciones abiertas por esta fueron trasladadas a la Task Force 168. La TF-168 fue creada por el Comando de Inteligencia Naval en 1969. En 1977 heredaron operaciones de la TF-157 en Asia, elementos técnicos y científicos de la Marina y dos unidades de inteligencia estacionadas en Múnich, Alemania. Sus agentes eran los encargados de interrogar a refugiados y desertores de los países del Este de Europa bajo control comunista.

¿A qué se llamaba «Equipo de Estados Unidos»?

Al grupo de diplomáticos y agentes de la CIA establecidos en un país, desde el embajador al jefe de la estación de la CIA. El presidente Kennedy sería el primero en utilizar este término en sus cartas oficiales. El presidente Clinton también solía utilizarla.

¿Qué operación llevaba el nombre código de «Veil»?

A la operación de desinformación dirigida por la CIA contra el líder libio Muammar el Gadafi. El presidente Reagan y su DCI William Casey negaron la existencia de este plan.

¿Qué operación llevaba el nombre código de «Shamrock»?

A la operación de inteligencia llevada a cabo por varias agencias de espionaje de Estados Unidos y consistente en diseñar una lista de objetivos estadounidenses en la que se incluían sus relaciones personales con extranjeros y sus relaciones con compañías extranjeras.

¿Qué operación llevaba el nombre código de «Clima»?

A la operación montada por el consejero de seguridad nacional, Henry Kissinger, para preparar la visita secreta del presidente Richard Nixon a China en 1971. El sistema de comunicaciones utilizado por Kissinger eran los miembros de la Task Force 157. Estos encriptaban los mensajes de Kissinger en las máquinas de la NSA, los transmitían a la oficina de la Task Force 157 en Yokosuka, Japón. El comandante de la TF-157 desencriptaba los mensajes y los entregaba personalmente en la Misión Comercial de China en Tokio. Así fue como el Gobierno chino se enteró de los deseos de Nixon de visitar China.

¿A que se llamó «Proyecto X»?

Proyecto del Gobierno de Estados Unidos desde 1965 a 1980. Este proyecto consistía en el entrenamiento de oficiales de inteligencia pertenecientes a países de Latinoamérica. Los cursos los agentes se entrenaban en tareas de espionaje a oponentes políticos, infiltración en partidos políticos, secuestros de familiares de rebeldes, asesinatos y torturas de rebeldes, así como tácticas de seguimientos. Los profesores de este proyecto eran oficiales y agentes de la CIA y los cursos se impartían en el Centro de Inteligencia del Ejército en Fort Holabird, cerca de Baltimore, y en Fort Huachucha, en Arizona.

¿Quiénes fueron los primeros alumnos del «Proyecto X»?

Oficiales survietnamitas en 1965, y además realizaban el curso en la Escuela de Inteligencia del Ejército en el Pacífico, en Okinawa, Japón. El «Proyecto X» entrenó también a agentes del sanguinario SAVAK, la policía política del régimen del Sha de Irán. Se cree que aún está en vigor el «Proyecto X».

¿A qué se llamó operación «Fruta Amarilla»?

Al nombre código de una operación de contrainteligencia del Ejército de Estados Unidos y a la que se destinó un presupuesto cercano a los 300 millones de dólares. «Fruta Amarilla» fue la precursora de la operación Irán-Contra. Tres oficiales del Ejército fueron condenados por apropiarse de fondos ilegales de «Fruta Amarilla». En 1983 el Ejército realizó una investigación de fondos ilegales en el Delta Force. Al parecer, ese dinero era utilizado para pagar un sobresueldo a los miembros del Delta Force que participaban en misiones de alto riesgo.

Capítulo 6
DEPARTAMENTOS Y SISTEMAS

¿Qué departamento se creó en la CIA para dirigir las operaciones encubiertas?

La llamada Oficina de Operaciones Especiales, Office of Special Operations, u OSO.

¿Qué departamento se creó dentro de la CIA para recomendar una operación encubierta por parte de la OSO?

La Oficina de Coordinación Política, la Office of Policy Coordination, u OPC. Debido a que el DCI, almirante Roscoe H. Hillenkoetter, no se encontraba bien ordenando operaciones encubiertas a la OSO, decidió dejar esa autoridad a la OPC.

¿De quién dependería la nueva OPC?

Directamente del Departamento de Estado. Su máximo responsable tendría el rango de asistente al secretario de Estado.

¿Dónde estaban situadas las oficinas de la OPC?

En un edificio fuera del cuartel general de la CIA. El edificio formaba parte de un complejo construido durante la Primera Guerra Mundial y que había albergado un centro comercial en el centro de Washington D. C.

¿Qué provocó la primera lucha entre la OPC y el OSO?

La batalla entre ambos departamentos estalló cuando un agente del OSO intentó reclutar a un agente local en Tailandia sin saber que este estaba a punto de ser reclutado por la OPC.

¿Cuáles fueron los primeros campos de batalla del nuevo DCI, Walter Bedell Smith?

Acabar de una vez por todas con las luchas internas entre la OPC y el OSO. Para ello sacó al OPC de la órbita del Departamento de Estado y lo convirtió en un nuevo departamento dentro de la estructura de la CIA.

¿Qué nuevo departamento creó el teniente general Walter Bedell Smith debido a los errores cometidos en la Guerra de Corea,?

La Oficina de Estimaciones Nacionales, la Office of National Estimates (ONE), cuyas función principal era producir análisis de inteligencia para reacciones futuras.

DEPARTAMENTOS Y SISTEMAS

¿Qué departamento de la CIA se creó tras la fusión de la OPC y del OSO?

El Directorio de Planes y Operaciones, la unidad clandestina de la CIA.

Una vez unidas la OPC y el OSO en un mismo departamento bajo el manto de la CIA, ¿quién fue su primer responsable?

Allen Dulles, un veterano de la OSS que asumiría el cargo con el rango de director adjunto de planificación.

¿Dónde está el campo de entrenamiento de la CIA?

El Campamento Peary está situado cerca de Williamsburg, Virginia. Oficialmente, el Campamento Peary no existe, aunque ocupa cerca de cuatro mil hectáreas. Supuestamente, esta zona pertenece al Departamento de Defensa, y en la carretera que da acceso a la instalación solo aparece un cartel que indica «Centro de Actividades Experimentales de las Fuerzas Armadas».

¿Con qué nombre se conoce también al Campamento Peary?

Como «La Granja».

¿Cuánto dura el curso de entrenamiento para oficial de la CIA?

Dieciocho semanas.

¿Dónde completan el curso los futuros oficiales de la CIA?

En Harvey Point, Carolina del Norte. Allí son entrenados en tácticas de combate y guerra de guerrillas por instructores de las fuerzas especiales del Ejército y la Marina de Estados Unidos.

¿Qué función tenía el «Comité Ad-Hoc de Requerimientos»?

Compartir con todas las agencias de inteligencia de Estados Unidos la información obtenida a través de los aviones espías U-2. Este Comité fue creado en 1955 por el DCI, Allen W. Dulles.

¿A qué se llama la «Marina» de la CIA o AGER?

A la flota de barcos encargados de recolectar información de inteligencia. La clasificación de AGER fue dada en 1960 a los barcos de espionaje: *Banner* (AGER 1), *Pueblo* (AGER 2) y *Palm Beach* (AGER 3).

¿Son agentes de la CIA los operadores de los AGER?

No. En su mayoría pertenecen a la Marina y a la NSA, la Agencia de Seguridad Nacional. La CIA está encargada de analizar la información recibida por los AGER.

¿Sigue en activo el programa AGER?

No. Fue abandonado tras el ataque israelí al *Liberty* en 1967 y tras la captura del *Pueblo* (AGER 2) en 1968 por Corea del Norte. El *Liberty* fue atacado el 8 de junio de 1967 por fuerzas combinadas israelíes frente a las costas del Sinaí, durante la Guerra de los Seis Días, mientras recolectaba información de las fuerzas israelíes y egipcias. En el ataque murieron 34 tripulantes. El *Pueblo* fue capturado el 23 de enero de 1968 por unidades norcoreanas. El AGER 2 estaba realizando operaciones de inteligencia en las costas de Corea y en la Siberia soviética. Cuando el barco fue abordado, el comandante Lloyd M. Bucher había conseguido destruir cerca de 400 documentos clasificados y material diverso, como encriptadoras, sistemas de comunicaciones, etcétera. Los marineros fueron liberados once meses después, aunque el *Pueblo* permaneció en Corea. Hasta octubre de 1999 el barco permaneció como atracción turística en el puerto de Wonsan. En septiembre de 2003, el presidente norcoreano Kim Jong Il planeó devolverlo al presidente George W. Bush como gesto de buena amistad, pero las malas relaciones entre Washington y Pyongyang han impedido el regreso del AGER 2 a Estados Unidos.

¿Por qué el comandante Lloyd M. Bucher fue requerido para presentarse ante una Corte Marcial?

Porque al rendir el *Pueblo* a las fuerzas norcoreanas se convirtió en el primer oficial de la Marina en rendir un buque de guerra de Estados Unidos en los últimos 160 años.

¿Qué fue del comandante Lloyd M. Bucher?

Entre 1969 y 1971 sirvió como profesor en la Academia Naval. En 1973 abandonó definitivamente la Marina. Bucher murió en 2004 pensando que la Marina abandonó a su suerte a los oficiales y tripulantes del *Pueblo*.

¿Cuál fue la primera compañía aérea civil de la CIA?

La Civil Air Transport (CAT). La CAT comenzó a operar para la CIA en operaciones del Sudeste Asiático. Fundada en 1946 por Claire Chennault, teniente general y antiguo líder de los llamados «Tigres Voladores», la unidad de pilotos que combatió en China contra los japoneses.

¿Cuáles fueron las primeras funciones de la CAT?

Dar apoyo al gobierno Nacionalista Chino de Chiang Kai Shek. Después de la entrada de los comunistas en China, la CAT abandonó sus bases en Japón y Corea del Sur para trasladarse a Tailandia, desde donde realizaba operaciones encubiertas para la CIA.

¿Qué famosa operación de ayuda llevó a cabo la CAT en 1954?

Suministro a las fuerzas francesas sitiadas en Dien Bien Phu.

¿Cuántos fueron los estadounidenses muertos en operaciones de CAT?

Dos: James McGovern y Wally Bufford. Ambos pilotaban un avión C-119 que transportaba seis toneladas de municiones cuando fueron derribados. El avión explotó en el aire y sus dos pilotos fueron las dos únicas bajas estadounidenses en la Guerra de Indochina. La CIA liquidó el *holding* de CAT en 1973, y recibió del Departamento del Tesoro de Estados Unidos treinta millones de dólares por la transacción.

¿A que se llamó Air America?

A la compañía aérea civil operada por la CIA. La aerolínea estaba registrada como una empresa civil de transporte aéreo, aunque en realidad realizaba transportes «especiales» para la CIA. Comenzó a operar en los años cincuenta, pero fue en 1959 cuando recibió el nombre de Air America.

¿Cuáles eran las misiones de Air America?

En un primer momento realizaban vuelos de transporte para las Fuerzas Aéreas, pero la compañía se volvió muy activa durante la Guerra del Vietnam. Los aviones de Air America daban asistencia y suministros a gobiernos de la región, a facciones guerrilleras, servicios de inteligencia y comerciantes privados, como a «señores de la droga». Los pilotos de Air America eran utilizados también para rescatar a pilotos de combate de Estados Unidos derribados en Laos. Incluso algunos pilotos de las Fuerzas Aéreas fueron destinados a Air America durante la guerra.

¿Cuándo dejó de operar Air America?

En 1981. Air America fue el tema de una película de 1990 protagonizada por Mel Gibson y Robert Downey Jr.

¿Que función tienen las Fuerzas Aéreas de Inteligencia de Estados Unidos (USAFI)?

Misiones de reconocimiento aéreo. Fue creada en 1900 con el comienzo de la era de la aviación militar y dirigida por el general John Pershing. La primera acción de la USAFI en tareas de espionaje se desarrolló en México en 1915.

¿Cuándo cambió de nombre la USAFI?

El 1 de octubre de 1993, cuando adoptó el nombre de Agencia de Inteligencia Aérea (AIA). Su cuartel general se encuentra en la Base Aérea de Lackland, en San Antonio, Texas. El 1 de febrero de 2001 la AIA fue destinada al Mando de Combate Aéreo. Entre sus responsabilidades están las de recolectar información, seguridad aérea, combate electrónico. La AIA informa también a la CIA, a través del llamado Centro Nacional de Inteligencia Aérea. Las unidades que conforman la AIA son el Ala 67 de Operaciones de Inteligencia y el Ala 70 de Operaciones de Inteligencia.

¿Qué nombre recibía el satélite espía de la CIA y que jamás fue puesto en órbita?

Argus. Este era una satélite espía para recolección de señales para inteligencia y cuya puesta en órbita fue aprobada por el DCI, William Colby en 1971. El entonces secretario de Defensa, James Schlesinger alegó que el proyecto *Argus* no era necesario y que además era demasiado caro. Colby entonces apeló la decisión al presidente Gerald Ford, quien aceptó las alegaciones del DCI. Finalmente, el Congreso no aprobó el presupuesto para el satélite y el *Argus* murió sin ver el espacio.

¿Existe alguna organización que agrupe a antiguos oficiales de la CIA?

Sí, la Asociación de Antiguos Oficiales de Inteligencia, o Association of Former Intelligence Officers (AFIO). Fue fundada en 1975 para «promover públicamente el apoyo a las instituciones de inteligencia». La organización defiende que la inteligencia debe ser la primera línea de defensa de Estados Unidos. La AFIO edita diversas publicaciones y boletines. En la actualidad se calcula en aproximadamente unos 3.000 sus miembros.

¿A qué se denominó Equipo B?

A una unidad especial y sin precedentes, cuyos miembros tenían acceso a todo tipo de material clasificado sobre el poder militar soviético.

¿Por qué se formó este grupo especial?

Debido a que el almirante George W. Anderson, Consejero Especial del presidente en Inteligencia, dijo al presidente Ford que no estaba de acuerdo con los análisis militares realizados por los analistas de la CIA. Gerald Ford ordenó entonces la creación del llamado Equipo B. El equipo fue creado en 1975.

¿Quién era el jefe del Equipo B?

El doctor Richard E. Pipes, profesor de la Universidad de Harvard y uno de los grandes críticos con las estimaciones realizadas por la CIA sobre el potencial militar de la Unión Soviética. Pipes sería nombrado años más tarde vicesecretario de Estado durante la administración Reagan.

¿Qué equipo creó la CIA para contrarrestar al Equipo B?

El Equipo A, que estaba dirigido por Howard Stoertz, un oficial de inteligencia experto en asuntos soviéticos. John A. Paisley, un agente de la CIA y que hablaba fluidamente el ruso, actuaba de enlace entre el Equipo A y el Equipo B, suministrando información de alto secreto de un equipo a otro. El 24 de septiembre de 1978 Paisley apareció muerto de forma misteriosa mientras navegaba en su velero *Brilling*.

¿Cuándo se descubrió el cadáver del agente John A. Paisley?

El 1 de octubre fue descubierto su cadáver por submarinistas de la Marina. La autopsia demostró que en el cráneo de Paisley había alojada una bala. Su viuda recibió 100.000 dólares de una póliza de seguros que había abierto Paisley tan solo una semana antes.

¿Qué se decía en la CIA sobre la misteriosa muerte de Paisley?

Qué había estado espiando para los soviéticos y que fue asesinado.

¿Cuándo se descubrió la existencia del Equipo B?

Cuando en octubre de 1982 la CIA desclasificó documentos del Equipo B como si fueran suyos.

¿Quiénes formaban el Equipo B?

Paul Nitze, negociador del SALT, Tratado de Limitación de Armas Estratégicas; John Vogt y Jasper A. Welch, generales de las Fuerzas Aéreas; William Van Cleave, negociador SALT; coronel Thomas Wolf, de Rand Corporation; Paul Wolfowitz, de la Agencia de Desarme y Control de Armas, y el teniente general Daniel O. Graham, director de la Agencia de Inteligencia de Defensa (DIA).

¿Qué es el Consejo de Estimaciones Nacionales?

Un grupo establecido por la CIA en 1950 y encargado de analizar de forma independiente la información de inteligencia sin ningún tipo de presiones militares, políticas o de cualquier otra procedencia. Este departamento era el encargado de entregar los informes a la comunidad de inteligencia basados en estimaciones de posibles reacciones de otros países sobre un hecho concreto. El DCI nombró a los doce miembros del Consejo, todos ellos procedentes del Ejército de Estados Unidos, el Departamento de Estado, la comunidad académica y la CIA. El Consejo fue abolido en 1973.

¿Qué centro de estudios se creó en 1975 para asesorar a la CIA?

El Centro para los Estudios de Inteligencia. En 1992 fue reorganizado por orden del DCI, Robert Gates, como departamento histórico de la CIA. El Centro comenzó a publicar en volúmenes documentos desclasificados sobre la Guerra Fría, la Crisis de los Misiles de Cuba o la CIA bajo la presidencia de Harry Truman.

DEPARTAMENTOS Y SISTEMAS

¿Qué lleva el nombre código de «Chalet»?

El segundo mayor satélite espía de los Estados Unidos. El *Chalet* está encargado de recolectar información de inteligencia en las comunicaciones. Dos nuevos *Chalets* fueron lanzados en 1979 y 1981. Cuando el nombre código fue revelado por el diario *The New York Times*, la CIA decidió cambiarle el nombre por el de *Vortex*.

¿A qué se conoce como «Comida de Pollos»?

«Chicken Feed». A la información de inteligencia suministrada a otra agencia de inteligencia enemiga por un doble agente.

¿A qué se denomina *Corona*?

Corona es el satélite de fotografía utilizado para realizar recopilación de material de inteligencia sobre la Unión Soviética, China y Oriente Medio. Primer satélite espía de Estados Unidos operó entre 1960 y 1972. Desarrollado por la CIA y las Fuerzas Aéreas en 1956. La decisión de desarrollar y poner en órbita a *Corona*, fue adoptada ocho semanas después de que los soviéticos pusieran en órbita el satélite *Sputnik*, el 4 de octubre de 1957.

¿Cómo se recogía la información recopilada por *Corona*?

Dotado de una cámara fotográfica estática, una vez que se le acababa la película, el satélite ponía en funcionamiento un sistema de expulsión del cartucho que descendía hasta la Tierra en un paracaídas. Allí era recogida por un avión de las Fuerzas Aéreas. Hasta 1990, todo lo relacionado con el programa Corona era clasificado de «alto secreto» por la CIA. En la actualidad el primer satélite *Corona* se expone en el Museo del Aire y del Espacio en Washington D. C.

¿A qué se conocía como Comité 5412?

Al grupo de consejeros establecido en 1955 por el Consejo de Seguridad Nacional para suministrar a la Casa Blanca de información para autorizar operaciones encubiertas. El comité estaba integrado por los siguientes cargos: el jefe del Comité, Allen Dulles, DCI; un representante del presidente Eisenhower; uno del Departamento de Estado y uno del Departamento de Defensa. Tras el descubrimiento del Túnel de Berlín en 1956, Eisenhower quería estar al tanto de todas las operaciones encubiertas llevadas a cabo por la CIA, y la función del Comité 5412 era la de mantenerlo informado.

¿Qué es el Servicio de Información de Radio Extranjera?

La unidad de la CIA para controlar los medios de comunicación, en especial las radios y las televisiones. La FBIS, sus siglas en inglés, forma parte del Directorio de Ciencia y Tecnología de la CIA y se ocupa de traducir, realizar sumarios y analizar cualquier información que sea emitida en medios de comunicación extranjeros. Asimismo, es función del FBIS analizar informaciones aparecidas en periódicos, libros, directorios de teléfonos, CD-ROM y bases de datos.

DEPARTAMENTOS Y SISTEMAS

¿Cuándo fue creada la FBIS?

En 1941 la Comisión Federal de Comunicaciones estableció el Servicio de Control y Monitorización de Radios Extranjeras, bajo supervisión del Departamento de Estado. Durante la Segunda Guerra Mundial el servicio se puso al mando del Ejército, concentrándose en escuchar las radios de Alemania, Italia y Japón. Después de la guerra, el Grupo Central de Inteligencia se hizo con el control del servicio. Tras la creación de la CIA, esta asumió la responsabilidad del Servicio de Control y Monitorización de Radios Extranjeras.

¿Qué función tenía dentro de la CIA el *Hughes Glomar Explorer*?

Barco construido con fondos de la CIA con el único fin de localizar al submarino nuclear soviético K-129, armado con misiles balísticos. El submarino se hundió en aguas del Pacífico en 1968 tras sufrir una explosión interna. El *Hughes Glomar Explorer* recibió este nombre en honor del magnate Howard Hughes, quien deseaba utilizarlo para explorar los fondos marinos para extraer minerales. El barco fue botado en 1972 y su tripulación fue seleccionada entre el personal de la CIA.

¿Consiguió la CIA localizar al *K-129*?

Sí. El submarino estadounidense *Halibut* localizó el lugar exacto en donde se hundió el submarino soviético. El 4 de julio de 1974 el *Glomar Explorer* llegó hasta el lugar en el Pacífico. Durante un mes entero los agentes de la CIA trabajaron tomando imágenes del *K-129* a casi 4.000 metros de profundidad. La operación llevaba el nombre código de «Jennifer». Mientras era izado a la superficie, el casco se partió. Una porción que contenía en su interior dos misiles balísticos se hundió nuevamente. La parte de popa fue recuperada con varios torpedos, dos misiles y equipamiento de alto secreto. Entre los restos recuperados había seis cadáveres de marineros. Los cuerpos fueron entregados al mar con honores militares. La Marina de Estados Unidos es actualmente el propietario del *Glomar Explorer*.

¿Qué agencia de espionaje en coordinación con la CIA se ocupa de la seguridad del llamado espionaje industrial?

El Centro Nacional de Contrainteligencia, NACIC son sus siglas en inglés. Los agentes del NACIC se ocupan de la seguridad de todas las corporaciones privadas estadounidenses que desarrollan materiales o productos susceptibles de ser robados por agencias de espionaje de otros países.

¿Entre qué dos gigantes de la aeronáutica tuvo que mediar la NACIC por un caso de espionaje en 2003?

Entre la Lockheed y la Boeing. La primera acusaba a la segunda de haber realizado espionaje industrial para hacerse con un suculento contrato del Departamento de Defensa en un programa de misiles. Boeing se disculpó por la poca ética de alguno de sus empleados, pero afirmó que «seguía manteniendo y defendiendo los más altos estándares de ética dentro de sus relaciones comerciales».

¿Qué asunto descubrió la CIA con relación al espionaje industrial realizado por Francia en Brasil?

En 1994 agentes de la CIA descubrieron que una compañía francesa había ofrecido sobornos a funcionarios brasileños para hacerse con un contrato gubernamental de desarrollo de telecomunicaciones y por el que también pujaban compañías estadounidenses. El Gobierno de Estados Unidos informó al Gobierno de Brasil y el contrato, de mil cuatrocientos millones de dólares, fue adjudicado a los estadounidenses.

¿Qué famoso caso de espionaje industrial por parte de China descubrió la CIA en Silicon Valley, California?

En enero de 2003 el hombre de negocios chino Qing Chang Jiang, directivo de la compañía EHI Group USA Inc./Araj Electronics, fue detenido tras descubrirse que intentaba enviar tres pequeños amplificadores microondas a China. Estos podían ser usados o bien para mejorar la calidad de las llamadas telefónicas de larga distancia, o bien para asegurar la puntería de misiles balísticos. Jiang intentaba enviarlos a una compañía de Shijianzhuang, China. La CIA descubrió que esta era una tapadera del 54 Instituto de Investigación, una agencia militar dependiente del Ministerio de Defensa chino. Esto demostró que Jiang quería los amplificadores para uso militar.

¿A qué se denomina Centro Integrado Operacional de Inteligencia (IOIC)?

El Integrated Operational Intelligence Center fue establecido por la Marina en los portaviones entre 1962 y 1979 con el fin de analizar más rápidamente la información recolectada por los aviones RA-5C «Vigilante». Los aviones del IOIC podían imprimir en pleno vuelo y en cuestión de minutos fotografías de extensas áreas del objetivo y regresar a los portaviones. Los «Vigilantes» sobrevolaron grandes zonas de Vietnam del Norte y Vietnam del Sur. Una vez revelado el material, los cazabombarderos estacionados también en los mismos portaviones realizaban sus ataques sobre las zonas fotografiadas por los RA-5C.

¿Qué función tenía la Fundación Jamestown?

Organización radicada en Washington para ayudar a los desertores soviéticos y de países del bloque comunista a establecerse en los Estados Unidos. La Fundación dependía en cierta medida de la IC, la Comunidad de Inteligencia.

DEPARTAMENTOS Y SISTEMAS

¿A qué famosos desertores ayudó la Fundación Jamestown?

En 1984 ayudaron a Arkady Shevchenko a escribir su libro *Rompiendo con Moscú*. Más tarde ayudaron de forma similar a Ion Pacepa, un antiguo agente de los servicios secretos rumanos.

¿A qué se denomina como Colegio de la Junta de Inteligencia Militar?

A la academia, dependiente de la Agencia de Inteligencia de Defensa (DIA), en donde se preparan los operativos destinados a inteligencia militar. La academia está localizada en la Base de las Fuerzas Aéreas de Bolling, al sur de Washington D. C. Los oficiales seleccionados serán destinados a las agregadurías militares en las embajadas de Estados Unidos en todo el mundo. Los mejores estudiantes son también destinados al FBI, la CIA, la NSA o la Guardia Costera.

¿A qué se denomina Kennan?

Al satélite espía estadounidense con sistemas de cámaras KH-11. El sistema permite recibir imágenes de la Tierra en tiempo real. Las imágenes son recibidas y analizadas en la estación ubicada en Fuerte Belvoir, al sur de Washington D. C. El primer KH-11 fue lanzado el 19 de diciembre de 1976 y la primera fotografía fue recibida el 20 de enero de 1977. El primer satélite KH-11 estuvo en órbita 770 días.

¿A qué se denomina programa «Lacrosse»?

Al programa de satélites estadounidenses desarrollados para espiar el territorio de la Unión Soviética. Por ejemplo, un satélite *Corona* fue el primero en detectar un posible despliegue de sistemas de misiles balísticos en Tallin, Estonia, en 1961. El 27 de junio de 1978 se puso en órbita un satélite capaz de fotografiar desde la órbita terrestre los números de matrícula de los vehículos. El sistema se llamaba SAR, Radar Sintético de Apertura. El 12 de noviembre de 1981 el transbordador espacial *Columbia* puso en órbita un nuevo radar capaz de detectar movimientos a 16 metros de profundidad de las arenas del desierto del Sahara. El 5 de octubre de 1984 el transbordador *Challenger* puso en órbita otro satélite capaz de fotografiar cualquier ciudad de Estados Unidos. Uno de estos satélites consiguió fotografiar el primer avión que se estrelló contra las Torres Gemelas el 11 de septiembre de 2001.

¿Qué función tenía el satélite que explotó en el *Challenger* el 28 de enero de 1986?

No fue hasta dos años después cuando se descubriría que el transbordador siniestrado portaba en sus bodegas un satélite espía destinado a vigilar el movimiento de submarinos nucleares soviéticos en la península de Kola, lugar en donde se encuentra una de las principales bases de misiles balísticos intercontinentales y de lanzamiento de cohetes al espacio.

DEPARTAMENTOS Y SISTEMAS

¿A qué se conoce como Magnum?

Al tercer mayor satélite espía de Estados Unidos y destinado a interceptación de comunicaciones civiles y militares. El primer Magnum fue puesto en órbita el 24 de enero de 1985, con el fin de controlar las comunicaciones chinas y soviéticas, así como los datos telemétricos utilizados por los dos países para sus pruebas de misiles balísticos intercontinentales. El lanzamiento desde Cabo Cañaveral fue declarado de «alto secreto».

¿A qué se conoce como MIDAS?

Acronismo de Sistema de Alarma de Defensa de Misiles o Missile Defense Alarm System (MIDAS). El primer satélite espía de Estados Unidos utilizado para detectar el lanzamiento de misiles balísticos de larga distancia. Diseñado en 1950, justo después de que los soviéticos lanzasen a la órbita terrestre el *Sputnik*. El primer MIDAS fue lanzado desde Cabo Cañaveral el 26 de febrero de 1960. El segundo MIDAS fue lanzado el 24 de mayo de 1960.

¿Dónde está situado el llamado Centro Nacional de Inteligencia Aérea?

Dependiente del Departamento de Defensa, el Centro Nacional se ocupa de producir material de inteligencia aerospacial. El Centro está situado en la Base de las Fuerzas Aéreas de Wright-Patterson en Ohio. Los analistas del Centro tienen la labor de apoyar los tratados de reducción de armas estratégicas.

¿A qué se conoce como Centro Nacional de Contrainteligencia?

El NACIC nació en 1994 mediante una Directiva Presidencial. El Centro está bajo el control de Consejo de Seguridad Nacional. El NACIC está formado por hombres y mujeres que pertenecen al FBI, la CIA, la NSA, la DIA y a los departamentos de Estado y Defensa. Entre sus principales funciones está la lucha contra el espionaje industrial.

¿A qué se conoce como Cuerpo Nacional de Inteligencia Extranjera?

Al consejo asesor (NFIB) del Director de la Agencia Central de Inteligencia (DCI). El consejo fue creado por orden del presidente Carter, pero fue el presidente Reagan quien, con ayuda de William Casey, definió sus funciones y sus sistemas operativos. Otros miembros del NFIB son el director de la NSA, el director de la DIA y el director de inteligencia del Departamento de Estado.

¿Qué función tiene la Agencia Nacional de Imágenes y Mapas (NIMA)?

Agencia de apoyo de combate e inteligencia y que suministra información recopilada por sus satélites orbitales. Los satélites están centrados en fotografiar zonas militares, destacamentos de fuerzas enemigas, zonas de pruebas de armas. La NIMA fue creada en 1996. El 23 de noviembre de 2003 la NIMA cambió de nombre por el de Agencia Nacional de Inteligencia Aeroespacial (NGA), y su director es el teniente general de las Fuerzas Aéreas James R. Clapper. El cuartel general de la NIMA/NGA se encuentra en Bethesda, Maryland.

¿Qué función tiene el Centro de Inteligencia Nacional Marítimo (NMIC)?

Cuartel General de las divisiones de inteligencia de la Marina, el Cuerpo de Marines y la Guardia Costera de los Estados Unidos. Establecido el 20 de octubre de 1993, el NMIC se ocupa de las actividades de inteligencia marítima alrededor del área de Washington. El edificio del cuartel general del NMIC está situado en el Centro Federal de Suitland, en donde trabajan cerca de 2.000 personas.

¿Qué es el Centro Nacional de Interpretación Fotográfica (NPIC)?

La agencia de inteligencia encargada de interpretar las imágenes captadas por los satélites de reconocimiento. El NPIC forma parte de la Agencia Nacional de Imágenes y Mapas (NIMA). Es la CIA y el Departamento de Defensa los encargados de suministrar las imágenes al NPIC para su análisis. En 1950 fueron los U-2 los primeros en entregar imágenes al NPIC. Posteriormente sería la División Fotográfica de la CIA, bajo el nombre código de HT/AUTOMAT, la que se ocuparía de analizar las imágenes.

¿Cuáles fueron las más famosas imágenes analizadas por la NPIC?

Las imágenes tomadas por los aviones espías U-2 sobre Cuba, en las que se veían plataformas de lanzamiento de misiles soviéticos en la isla caribeña. Aquellas fotografías dieron paso a la llamada Crisis de los Misiles.

¿Qué es el Consejo de Seguridad Nacional (NSC)?

Organismo establecido bajo el Acta de Seguridad Nacional el 26 de julio de 1947 con el fin de asesorar al presidente de Estados Unidos en materia de inteligencia doméstica, en el extranjero, militar o de seguridad nacional. Los miembros del NSC son el presidente de Estados Unidos, el vicepresidente de Estados Unidos, el secretario de Estado, el secretario de Defensa y el consejero de Seguridad Nacional de la Casa Blanca.

¿Qué es el Servicio Naval de Investigación Criminal (NCIS)?

La agencia de la Marina responsable de las actividades de contrainteligencia y contraespionaje dentro de la Marina de Estados Unidos. El NCIS es el nuevo nombre adoptado después de 1992, cuando el Servicio de Investigación

Naval tuvo que cambiar de nombre tras las críticas recibidas en 1980 luego de descubrirse diversos casos de espionaje en la Marina. El NCIS emplea a casi 2.300 personas, de las cuales casi la mitad, son agentes especiales civiles.

¿Qué es la Estación de Seguridad Naval?

Localizada en el cuartel general del Departamento de Seguridad Interior creada en 2002, entre las avenidas Massachusetts y Nebraska, al noroeste de Washington. Antes la Estación de Seguridad Naval estaba situada en la Colegio Mount Vernon para señoritas. Posteriormente se trasladó a las instalaciones de la NSA en Fort Meade, Maryland.

¿Cuál es la organización de espionaje más secreta de Estados Unidos?

La Agencia de Seguridad Nacional (NSA). La agencia se ocupa de la interceptación de comunicaciones de radio, llamadas telefónicas, transmisiones vía Internet, comunicaciones vía fax o señales emitidas por radares o sistemas guía de misiles. La NSA es también responsable de desarrollar y proteger los sistemas codificados del Gobierno de Estados Unidos. Su cuartel general se encuentra en Fort Meade, Maryland.

¿Qué críticas recibió la NSA tras el 11 de septiembre de 2001?

Recibió críticas del Congreso y de los medios de comunicación por no haber advertido los preparativos del ataque a las Torres Gemelas y al Pentágono. Curiosamente, un año antes, el teniente general de las Fuerzas Aéreas, Michael Hayden, ya había advertido que la NSA había detectado una reunión en el año 2000 de altos miembros de *Al-Qaeda* en Kuala Lumpur, Malasia, en la que se habló del territorio de Estados Unidos como próximo objetivo.

¿Qué división de la NSA se ocupa de la seguridad de criptoanálisis y criptoseguridad?

El CSS, Servicio Central de Seguridad. Fue establecido en 1972 bajo una orden presidencial. La unidad de élite del CSS se denomina SCS, o Special Collection Service, cuyos técnicos se ocupan únicamente de interferir en las comunicaciones de países enemigos.

¿Qué división de la NSA se ocupa de la seguridad de las comunicaciones de la Casa Blanca?

La INFOSEC, Information Systems Security. Sus oficiales destinados en la Casa Blanca son los que se ocupan de la criptoseguridad de las comunicaciones de todo el complejo presidencial.

¿Cuáles son los orígenes de la ultrasecreta NSA?

El Servicio de Inteligencia de Señales del Ejército de Estados Unidos (AFSA). El 24 de octubre de 1952 el presidente Truman ordenó la creación de la NSA. Todo lo relacionado con la NSA sería declarado de «alto secreto» e incluso la nueva agencia sería denominada bajo un nombre en clave.

¿Cuántos documentos desclasificó la NSA bajo el Acta de Libertad de Información?

La NSA editó un CD en el año 2003, con cerca de 32.000 páginas de documentos. El CD llevaba por título *21st Century Complete Guide to the National Security Agency*. Los documentos desclasificados revelaban la historia de la NSA e información criptológica. Los documentos referenciados abarcaban desde la Segunda Guerra Mundial a la Guerra de Corea. En la actualidad cerca de 60 millones de páginas de documentos de la NSA se encuentran en proceso de desclasificación.

¿Dónde están situadas las estaciones de la NSA?

En Sugar Grove, Virginia; en Yakima, Washington; en Anchorage, Alaska; en Argentina, en Australia, en Taiwán y en Nueva Zelanda.

¿Quiénes han sido los directores de la NSA desde su fundación?

Noviembre 1952-noviembre 1956: *mayor general Ralph J. Canine.*
Noviembre 1956-noviembre 1960: *teniente general John A. Samford.*
Noviembre 1960-junio 1962: *vicealmirante Laurence H. Frost.*
Julio 1962-mayo 1965: *teniente general Gordon A. Blake.*

Junio 1965-julio 1969: *teniente general Marshall S. Carter.*
Agosto 1969-julio 1972: *vicealmirante Noel M. Gayler.*
Agosto 1972-agosto 1973: *teniente general Samuel C. Phillips.*
Agosto 1973-julio 1977: *teniente general Lew Allen.*
Julio 1977-marzo 1981: *vicealmirante Bobby Ray Inman.*
Abril 1981-abril 1985: *teniente general Lincoln D. Faurer.*
Mayo 1985-julio 1988: *teniente general William E. Odom.*
Agosto 1988-abril 1992: *vicealmirante William O. Studeman.*
Mayo 1992-febrero 1996: *vicealmirante John M. McConnell.*
Marzo 1996-febrero 1999: *teniente general Kenneth A. Minihan.*
Marzo 1999: *teniente general Michael V. Hayden.*

¿Qué se conoce como RORSAT?

Al Satélite Radar de Reconocimiento Oceánico. Este satélite es utilizado por la CIA y la NSA para intervenir y detectar comunicaciones navales entre barcos no estadounidenses.

¿Qué se conoce como SOSUS?

Al Sistema de Vigilancia Sónica, un sistema de detección acústica submarina para detectar submarinos. El SOSUS fue diseñado y desarrollado por la Marina junto con la NSA durante la Guerra Fría y plantado en el estrecho de Gibraltar, en diferentes puntos del océano Atlántico o en el cabo Norte (Noruega). En 1948 el sistema fue probado con bastante éxito, y en 1951 fue plantado el primero en el fondo marino. En 1960 los emplazamientos de los SOSUS fueron publicados en una revista militar de la Unión Soviética y se descubrió que existían varios de estos ingenios en las Bahamas, a lo largo de la isla de Manhattan, Japón, Caribe, Islandia y Mar de Noruega. Cuando la Guerra Fría terminó, Estados Unidos ordenó el desmantelamiento de todo el sistema SOSUS, pero diversas organizaciones consiguieron que este fuera donado para investigaciones biológicas; por ejemplo, para controlar las rutas de los grandes cetáceos en los mares del Norte. El SOSUS era tan sensible que conseguía detectar a la perfección las vocalizaciones de baja frecuencia emitidas por las ballenas.

¿Qué es la División de Actividades Especiales (SAD, en inglés)?

La unidad de élite formada por paramilitares de la CIA y creada para combatir en la guerra contra el terrorismo. La existencia de estas unidades se dieron a conocer en 2001, cuando comenzaron a llegar a Afganistán las primeras unidades especiales del Ejército estadounidense para localizar y liquidar a líderes de la organización terrorista *Al-Qaeda* de Osama bin Laden. Los operativos del SAD combaten en unidades pequeñas formadas casi siempre por seis hombres con entrenamiento militar y con conocimientos en lenguas extranjeras. Probablemente, un equipo SAD controló el Predator que asesinaría a varios líderes de *Al-Qaeda* en Yemen en noviembre de 2002.

¿Cuál ha sido el avión espía más veloz del mundo?

El SR-71 (Strategic Reconnaissance 71). El avión que sustituyó a los U-2 era una aeronave capaz de fotografiar a una velocidad de Mach 3. Desarrollado por la compañía Lockheed, el SR-71 era capaz de volar a 85.000 pies a una velocidad de Mach 3. Fabricado en titanio, su fuselaje estaba especialmente diseñado para tener baja resistencia al aire, así como dos turbinas con una gran resistencia al aire frío de la altura. El primer vuelo del SR-71 tuvo lugar el 22 de diciembre de 1964. El primer avión entró en servicio en enero de 1966 en la 9.ª Ala Estratégica de las Fuerzas Aéreas con base en Okinawa y Gran Bretaña.

¿Qué misión famosa realizó el SR-71?

Fotografió la primera explosión atómica china en 1967.

¿Sobre qué objetivos voló el SR-71?

Sobre Vietnam del Norte, Cuba, Libia, Nicaragua, Oriente Medio y golfo Pérsico.

¿Cuál ha sido el récord más importante del SR-71?

En septiembre de 1974 voló de Nueva York a Londres en 1 hora y 54 minutos a una velocidad de Mach 2,8. En julio de 1976 consiguió volar a una velocidad de Mach 3,31.

¿Cuándo fue retirado de servicio el SR-71?

El 6 de marzo de 1990. El SR-71 fue retirado para reducir costes en las Fuerzas Aéreas. En 1995 el Congreso aprobó fondos para reactivar dos SR-71 con velocidad de Mach 3, pero el proyecto no salió nunca adelante. Cuando dejó de estar activo, de los 28 aviones fabricados solo ocho permanecían en activo. Poco después el propio Pentágono confirmaría que ocho o nueve de estos aviones habían sido perdidos en accidentes desde 1970. Los planos y desarrollo de los SR-71 fueron destruidos una vez que se terminaron de construirse el número de aviones que habían sido presupuestados. Clarence Johnson, el diseñador del SR-71, declaró que fue el propio secretario de Defensa, Robert S. McNamara, quien le ordenó parar el desarrollo del SR-71 para no entrar en conflicto con el desarrollo del cazabombardero F-15 de McDonnell Douglas.

¿A qué se denomina como Junta de Inteligencia de Estados Unidos?

Al sucesor de la Junta Nacional de Estimaciones (BNE). En 1973 el DCI William Colby abolió la Oficina Nacional de Estimaciones y la BNE, reemplazándola con las Oficinas Nacionales de Inteligencia (NIO), las cuales eran responsables cada una de ellas de regiones del planeta en materia de operaciones de espionaje. Las NIO informaban directamente al DCI. A comienzos de 1979 las NIO fueron conocidas colectivamente como Consejo Nacional de Inteligencia.

¿A qué se llama Vela?

A los satélites espías de Estados Unidos encargados de detectar las explosiones nucleares. Tres tipos de satélites

Vela fueron desplegados para detectar explosiones nucleares en cualquier lugar del planeta. El Vela Hotel se ocupaba de detectar explosiones nucleares en la tierra; el Vela Sierra en el espacio, y el Vela Uniform en el subsuelo. La primera detección de una explosión nuclear por parte de satélites estadounidenses tuvo lugar en 1958, cuando Estados Unidos explosionó cinco bombas. Los satélites Vela detectaron explosiones nucleares en la Unión Soviética y en China. Hasta la puesta en funcionamiento de los satélites Vela, eran las superfortalezas B-29, las encargadas de detectar las explosiones nucleares. Por ejemplo, fue un B-29 el que detectó una explosión nuclear en la mar del Japón por parte de los soviéticos el 3 de septiembre de 1949.

¿A qué se conocía como VIAT?

A la corporación privada de transporte aéreo survietnamita, utilizada por la CIA en los años sesenta para realizar operaciones clandestinas en Vietnam del Norte. La VIAT era realmente una compañía propiedad de la CIA y sus aviones pilotados por agentes de la CIA.

¿A qué se llamó Nube Blanca?

Al satélite espía de Estados Unidos destinado a reconocimiento oceanográfico. El problema es que debido al alto coste del programa de desarrollo, el *Nube Blanca* no vio nunca el espacio.

Anexo 1
RELACIÓN DE DCI

Septiembre 1947-octubre 1950	Almirante Roscoe H. Hillenkoetter
Octubre 1950-febrero 1953	Teniente general Walter Bedell Smith
Febrero 1953-noviembre 1961	Allen W. Dulles
Noviembre 1961-abril 1965	John A. McCone
Abril 1965-junio 1966	Vicealmirante William F. Raborn
Junio 1966-febrero 1973	Richard Helms
Febrero 1973-julio 1973	James R. Schlesinger
Julio 1973-septiembre 1973	Teniente general Vernon A. Walters
Septiembre 1973-enero 1976	William E. Colby
Enero 1976-enero 1977	George H. W. Bush
Enero 1977-marzo 1977	Henry Knoche
Marzo 1977-enero 1981	Almirante Stansfield Turner
Enero 1981-enero 1987	William J. Casey
Mayo 1987-agosto 1991	William H. Webster
Septiembre 1991-noviembre 1991	Richard J. Kerr
Noviembre 1991-enero 1993	Robert M. Gates
Febrero 1993-mayo 1994	James Woolsey
Mayo 1994-diciembre 1996	John M. Deutch
Enero 1997-julio 2004	George Tenet
Septiembre 2004-abril 2005	Porter J. Goss

BIBLIOGRAFÍA RECOMENDADA SOBRE LA CIA

AGEE, Philip: *Inside the Company: CIA Diary,* Farrar Straus & Giroux, Nueva York, 1975.
— *Dirty work: The CIA in Western Europe,* Zed, London, 1981.
ANDREW, Christopher: *For The President's Eyes Only. Secret Intelligence and the American Presidency from Washington to Bush,* HarperCollins, Nueva York, 1995.
ASHLEY, Clarence: *CIA SpyMaster,* Pelican Publishing Company, Nueva York, 2004.
BAER, Robert: *Soldado de la CIA,* Editorial Crítica, Barcelona, 2002.
BAMFORD, James: *The Puzzle Palace,* Penguin Books, Nueva York, 1983.
BARRET, David M.: *The CIA and Congress: The Untold Story from Truman to Kennedy,* University Press of Kansas, Kansas, 2005.
COLL, Steve: *Ghost Wars: The Secret History of The CIA, Afghanistan, and Bin Laden, From the Soviet,* Penguin Books, Nueva York, 2004.
GUP, Ted: *Book of Honor,* Anchor Books, Nueva York, 2000.
HERSH, Burton: *The Old Boys: The American Elite and the Origins of the CIA,* Tree Farm Books, Virginia, 2001.
HOPSICKER, Daniel: *Barry & 'the Boys': The CIA, the Mob and America's Secret History,* Mad Cow Press, Nueva York, 2001.

KORNBLUH, Peter: *Bay of Pigs Declassified: The Secret CIA Report on the Invasion of Cuba* (National Security Archive Documents Reader), New Press, Nueva York, 1998.

KESSLER, Ronald: *Inside the CIA,* Pocket Books Publishers, Nueva York, 1994.

—*The CIA at War. Inside the secret campaign against terror,* St. Martin Griffin, Nueva York, 2003.

LIMOND HART, John: *The CIA's Russians,* Naval Institute Press, Annapolis, Maryland, 2003.

MATHEWS, Harry: *My Life In Cia: A Chronicle Of 1973,* Dalkey Archive Press, Nueva York, 2005.

MURPHY, David E: *Battleground Berlin: CIA vs. KGB in the Cold War,* Yale University Press, New Haven, 1999.

PARKER, James E.: *Covert Ops: The Cia's Secret War in Laos,* St. Martin's Press, Nueva York, 1997.

PERSICO, Joseph E.: *Casey: From the OSS to the CIA,* Viking Press, Nueva York, 1997.

QUIRK, John Patrick: *The Central Intelligence Agency. A Photographic History,* The Foreign Intelligence Press, Boston, 1986.

ROBBINS, Christopher: *Air America. Historia Secreta de la Línea Aérea secreta de la CIA,* Planeta, Barcelona, 1979.

SCHROEN, Gary: *First In: An Insider's Account of How the CIA Spearheaded the War on Terror in Afghanistan,* Presidio Press, San Francisco, 2005.

STONOR SOUNDERS, Frances: *La CIA y la Guerra Fría Cultural,* Debate, Madrid, 2001.

TAUBMAN, Philip: *Secret Empire: Eisenhower, the CIA, and the Hidden Story of America's Space Espionage,* Simon & Schuster, Nueva York, 2003.

THOMAS, Gordon: *Las torturas mentales de la CIA,* Ediciones B, Barcelona, 2001.

TRENTO, Joseph: *La Historia Secreta de la CIA,* Ediciones Península, Barcelona, 2001.

WESTERFIELD, H.: *Inside CIA's Private World: Declassified Articles from the Agency's Internal Journal, 1955-1992,* Yale University Press, New Haven, 1997.

WOODWARD, Bob: *Veil. Las Guerras Secretas de la CIA, 1981-1987,* Ediciones B, Barcelona, 1987.

ZEPEZAUER, Mark: *The CIA's Greatest Hits (The Real Story Series),* Odonian Press, Nueva York, 2002.

ÍNDICE ONOMÁSTICO

Agee, Philip, 118, 125, 126, 127, 128
Ahadi, Samillah, 128-129
Aldrich, Winthrop, 52
Allegan, Katharine, 178
Allen, Lew, 254
Allen, Michael H., 129
Allende, Salvador, 13, 78
Ames, Aldrich H., 69, 73, 88, 119, 120, 121, 122, 125
Ames, Robert C., 95
Ames, Rosario, 121
Amstrong, Anne L., 49
Anderson, George W., 49, 236
Anderson, Rudolph, Jr., 91
Andropov, Yuri, 72, 220
Angleton, James Jesús, 91, 92, 93
Arbenz Guzmán, Jacobo, 190
Aspin, Les, 50
Astor, Vincent, 52

Baba, Stephen A., 129
Baker, Leo F., 95
Bamford, James, 50
Barker, Bernard, 63
Barnes, C. Tracy, 190
Barnett, David, 130, 131
Baynes, Virginia Jean, 133
Belenko, Victor, 160
Bell, Griffin, 150, 151
Bell, William H., 131
Bennet, Lansing H., 95
Bennet, William, 95
Benson, Nels L., 95
Berg, Morris «Moe», 93, 94
Berstein, Carl, 109
Bishop, Barry, 213
Bissell, Richard M., 77, 94, 95, 190, 191
Black, Cofer, 197
Blair, Tony, 211
Blake, George, 201, 202

Blake, Gordon A., 253
Boeckenhaupt, Herbert, 131, 132
Boes, Helge, 96
Boteler, William P., 95
Bowen Rupp, Ann-Christian, («Turquesa»), 170, 171
Boyce, Christopher, 51, 132
Bracy, Arnold, 133
Brown, George, 208
Brown, Joseph G., 133
Brown, Russell P., 134
Bucher, Lloyd M., 231, 232
Buchmann, Edward O. 134
Buckley, William F., 95, 98, 99
Bufford, Wally, 233
Bundy, McGeorge, 55, 192
Bundy, William, 90
Burgess, Guy, 102
Bush, George H. W. (padre), 71, 72, 75, 76, 111, 118, 231, 259
Bush, George W., 35, 61, 85, 198, 211

Cambone, Stephen A., 61
Canine, Ralph J., 253
Carey, Howard, 95
Carlson, William Francis, 96
Carney, Jeffrey, 135

Carter, James E. («Jimmy»), 22, 49, 69, 86, 87, 151
Carter, Marshall S., 254
Casey, William J., 24, 49, 72, 73, 75, 79, 80, 81, 87, 88, 98, 106, 213, 224, 248, 259
Castro, Fidel, 54, 94, 102, 103, 191, 192, 194
Cavanagh, Thomas P., 135, 136
Celli, John A., 95-96
Cheme, Leo, 49
Chennault, Claire, 232
Cherkashin, Victor, 120
Childs, Jack, 220
Childs, Morris, 220
Chin, Larry Wu-Tai, 136, 137
Clapper, James R., 249
Clark, James, 177, 178
Clements, William, 208
Clifford, Clark H., 49
Cline, Ray S., 100
Clinton, Bill, 13, 69, 70, 71, 81, 84, 85, 88, 108, 163, 223
Cloverdale, Garrison, 140
Coberly, Alan D., 137
Colby, William E., 22, 42, 196, 207, 208, 235, 257, 259
Connally, John, 49
Conrad, Clyde Lee, 168
Crowe, William J., 50

Darling, Frank A., 95
Davies, Paul C., 95
Dean, John, 210
Deuel, Michael M., 95
Deutch, John M., 26, 70, 71, 72, 73, 85, 259
Dewey, Thomas Edmund, 74
Dickstein, Samuel, 137, 138
Dinh Diem, Ngo, 78
Doe, Jane, 105
Doe, John, 105
Dolce, Thomas J., 138
Donovan, William («Wild Bill»), 16, 17, 18, 52, 154
Doolittle, James, 21
Downey, John, 90, 101
Downey, Jr., Robert, 234
Downing, Jack G., 85
Drummond, Nelson C., 139
Dubberstein, Waldo H., 139, 140
Dulles, Allen W., 52, 66, 67, 68, 74, 75, 77, 81, 89, 94, 190, 201, 218, 229, 230, 240, 259
Dulles, John Foster, 217
Dunlap, Jack F., 140
Dzheikiya, Rollan, 167

Edens, Buster, 95
Ehrlichman, John, 47

Eisenhower, Dwight David, 21, 45, 47, 48, 66, 67, 74, 83, 84, 159, 240
Ellsberg, Daniel, 47, 214
Faurer, Lincoln, 254
Fecteau, Richard, 100
Foley, Thomas S., 50
Ford, Gerald, 22, 30, 127, 207, 235, 236
Freedman, Lawrence N., 95, 97, 98
French, George, 141
Frost, Laurence H., 253

Gadafi, Muammar el, 182, 223
Gaddis (vicealmirante), 222
García Vera, Cristóbal, 14
Gardner, James, 207
Garrow, David, 220
Gates, Robert M., 75, 76, 238, 259
Gayler, Noel M., 254
Gehlen, Reinhard, 67
George, Claire E., 76
Gibson, Mel, 234
Gilpatric, Roswell, 55, 192
Ginley, Jerome P., 95
Golitsyn, Anatoli, 106
Goss, Porter J., 86, 259
Gottlieb, Sydney, 209
Gougelmann, Tucker, 95, 104

Grace, Frank G., 95
Graham, Daniel O., 238
Gray, Wade C., 95
Greene, Wilbur Murray, 95
Gruson, Sydney, 190
Gup, Ted, 29

Hall, James W., 141, 142
Hall, Virginia, 101
Hamilton, Victor N., 142, 143
Hanssen, Robert P., 143, 144, 166
Harper, James D., 144, 145
Harvey (esposa de), 102
Harvey, William King, 102, 103, 201
Hayden, Michael, 252, 254
Heinz, John, 85
Helmich, Joseph G., 145, 146
Helms, Richard, 28, 77, 78, 79, 83, 103, 206, 259
Hersh, Seymur, 21
Herzog, Chaim, 72
Hillenkoetter, Roscoe H., 65, 66, 79, 186, 227, 259
Hitler, Adolf, 77
Hoover, J. Edgar, 16, 88, 210, 220
Howard, Edward Lee, 51, 132, 133, 146, 147
Howard, Mary, 147

Hoxha, Enver, 188
Hugel, Max, 80
Hughes, Howard, 241
Hugle, William, 144
Hunt, Howard, 47, 63, 77-78, 90, 103, 104, 191
Husein, Sadam, 110, 123, 170, 211, 212
Huston, Tom Charles, 209, 210
Hutton, Timothy, 132

Ikeda, Chiyoki, 95,
Inman, Bobby Ray, 50, 70, 71, 80, 81, 223, 254

James, Lew, 104
Jeffries, Randy Miles, 148
Jiang, Qing Chang, 243, 244
Johnson, Alexis, 55, 192
Johnson, Billy Jack, 95
Johnson, Clarence, 257
Johnson, Edward, 95
Johnson, Lyndon Baines, 77, 83
Johnston, Robert, Jr., 149, 150
Johnston, Robert Lee, 148, 149
Jong Il, Kim, 231

Kai-Shek, Chiang, 155, 232
Kaltenbrunner, Ernst, 81
Kampiles, William P., 150, 151

ÍNDICE ONOMÁSTICO

Kao, Yen Men, 151, 152
Karlow, Serge Peter, 105, 106
Kennedy, John F., 43, 48, 55, 68, 75, 82, 95, 102, 103, 116, 191, 192, 193, 195, 223
Kennedy, Robert, 55, 82, 93, 103, 192, 194
Kent, Sherman, 41, 42, 89, 90
Kerarns, John W., 95
Kerr, Richar J., 259
Killian, James R., 49
Kim, Robert C., 152
King, Martin Luther, 220
Kissinger, Henry, 42, 45, 47, 115, 208, 215, 222, 225
Knoche, Henry, 259
Knopf, Alfred, 108
Kocher, Karl F., 152, 153
Komer, Robert W., 196
Konzelman, David, 95
Krobock, Richard D., 95
Krogh, Egil, 47
Kruchov, Nikita, 43, 45
Kryuchkov, Vladimir, 177
Kuklinski, Ryszard, 106, 107
Kulak, Aleksei, 101

Laden, Osama bin, 197, 255
Lake, Anthony, 71, 85
Lalas, Steven J., 153, 154
Land, Edwin, 49

Lansdale, Edward, 189, 193
Latz, T. D. 107
Lee, Duncan, 154, 155
Lee, Robert E., 154
Lee, Wen Ho, 155, 156
LeMay, Curtis, 213, 219
Lemnitzer, Lyman L., 55, 192
LeSchack, Leonard A., 205
Lessiovski, Victor, 101
Leung, Katrina, 156
Levchenko, Stanislav, 160
Lewek, James, 95
Liddy, Gordon, 47, 63
Liebknecht, Karl, 178
Lindbergh, Charles A., 114
Lonetree, Clayton J., 156, 157, 158
Lumumba, Patrice, 95, 196
Luxemburgo, Rosa, 178
Lynch, Jessica, 222

Mackiernam, Douglas S., 95, 96
Magsaysay, Ramon, 189
Maloney, Mike, 95, 97
Marchetti, Victor, 107, 108
Marenches, Alexandre de, 213
Marks, John, 107, 108
Martin, Graham, 116
Martin, William H. (Sokolovsky), 158, 159
Martínez, Eugenio, 63

McCone, John A., 55, 69, 77, 82, 191, 192, 194, 259
McConnell, John M., 254
McCord, James, 63
McGehee, Ralph W., 12, 13
McGovern, James, 233
McNamara, Robert S., 55, 192, 194, 215, 257
McNell, Samuel, 80
McNell, Thomas, 80
McNulty, Wayne, 95
Meade, Gordon George, 34
Medina-Anaya, Manuel, 14
Merriman, John G., 95
Miller, Judith, 110, 111
Miller, Richard, 159, 160
Minihan, Kenneth A., 254
Mintkenbaugh, James, 149
Mitchell, John, 210
Mitrione, Dan, 13
Montes, Ana Belén, 160, 161
Montini, Giovanni Battista (ver Pablo VI)
Moore, Edwin, 161, 162
Morison, Samuel Loring, 162
Mossadegh, Mohamed, 113, 114, 189
Mueller, Christopher Glenn, 96
Murphy, Michael R., 163
Murrow, Edward, 194
Nasser, Gamal Abdel, 113

Nesbitt, Frank A., 163, 164
Nicholson, Harold J., 122, 123, 124, 125
Nitze, Paul, 237
Nixon, Richard, 42, 47, 48, 63, 78, 82, 83, 90, 104, 210, 215, 222, 225
Noriega, Manuel Antonio, 72
Norman, Alan van, 179
North, Oliver, 43, 73
Nosenko, Yuri, 93, 106
Novak, Robert, 110, 111

O'Jibway, Louis A., 95
Odom, William E., 254
Oggins, Isaiah H., 108
Ogorodnik, Aleksandr D., 110, 153
Ogorodnikov, Svetlana, 159, 160
Olshevskaya, Yelena, 54
Olshevsky, Dimitri, 54
Orlov, Mikhail Yevgenyevich, 176, 177
Oswald, Lee Harvey, 93,

Pablo VI, 92
Pacelli, Eugenio (ver Pío XII)
Pacepa, Ion, 245
Pahlevi, Mohamed Reza, 113, 189

ÍNDICE ONOMÁSTICO

Paisley, Jonh A., 108, 109, 236, 237
Pelton, Ronald W., 164, 165
Penn, Sean, 132
Perkins, Walter T., 165
Perot, Rose, 49
Pershing, John, 234
Peterson, John, 95
Peterson, Martha, 110
Philby, Harold Kim, 91, 102, 177, 188
Phillips, Samuel C., 254
Pickering, Jeffrey L., 166
Pike, Ottis, 46
Pinochet, Augusto, 13
Pío XII, 92
Pipes, Richard E., 236
Pitts, Earl Edwin, 166, 167
Plame, Valerie, 110, 111
Polgar, Thomas C., 111
Polyakov, Dimitri, 120, 132
Pope, Edmond, 112
Powers, Francis Gary, 47, 112, 190, 191
Primakov, Yevgeny, 75-76
Przychodzien, Zdzislaw, 144, 145
Pugh, Ernest C., 168
Putin, Vladimir, 112
Raborn, William, 83, 100, 259

Ramsay, Roderick James, 168, 169
Rawling, James A., 95
Ray, Thomas W., 95
Ray, Walter L., 95
Reagan, Ronald, 23, 24, 25, 49, 56, 72, 75, 79, 80, 88, 118, 206, 213, 223-224, 236, 248
Regan, Anette, 170
Regan, Brian Patrick, 169, 170
Robbins, Barbara Annette, 95, 96
Rockefeller, Nelson, 49
Roosevelt, Archibold, 114
Roosevelt, Franklin D., 16, 52
Roosevelt, Kermit, 112, 113, 114, 189
Roosevelt, Theodore («Teddy»), 52, 112, 114
Rose, Wilburn S., 95
Rositzke, Harry, 114, 115
Rowlings, Michael, 174
Rudman, Warren B., 50
Rumsfeld, Donald, 212
Rupp, Reiner («Topo 2»), 170, 171
Rusk, Dean, 55, 192

Sadat, Anwar el, 99
Samford, John A., 253

Sattler, James Frederick, 171, 172
Scarbeck, Irwin C., 172, 173
Schlesinger, James R., 82, 83, 206, 235, 259
Schroen, Gary, 197
Schuler, Ruby Louse, 145
Schwartz, Michael, 173
Schwartz, Norman A., 95
Schwarzkopf, H. Norman, 114
Scowcroft, Brent, 50
Scranage, Sharon, 173, 174
Seaborg, Raymond L. 95
Secord, Richard, 183
Seina, Violeta, 157
Sellers, Peter, 159
Sessions, William, 169
Shamburger, Riley W., 95
Shevchenkao, Arkady, 245
Sisco, Joseph, 208
Sisk, Richard M., 95
Smith, James F., 84, 156, 205
Smith, Richard C., 174, 175
Smith, Walter Bedell, 65, 66, 74, 83, 84, 228, 259
Snepp, Frank W., 104, 115, 116
Snoody, Robert C., 95
Sombolay, Albert T., 175
Souers, Sydney W., 18, 65
Soussoudis, Michael, 173, 174
Souther, Glenn Michael, 176, 177
Spann, John Michael («Johnny»), 90, 96, 116, 117
Spicer, Richard, 95, 97
Squillacotte, Marie, 177, 178
Stalin, Josif Vissarionovic Dzugasvili, 108
Stockwell, John, 117, 118
Stoertz, Howard, 236
Stolz, Richard F., 80,
Strachey, Nevil R., 125
Strand, Kurt, 177, 178
Studeman, William O., 84, 254
Sturgis, Frank, 63
Sulzberger, Arthur Hays, 190

Taylor, Maxwell D., 49, 55, 192
Teller, Edward, 49
Tenet, George J., 71, 84, 85, 199, 259
Thompson, Robert G., 179
Tito, Josip Broz, 94,
Tkachenko, Aleksey, 182
Tobias, Michael T., 179, 180
Toser, John G., 50
Trento, Joseph, 11
Trujillo, Rafael Leónidas, 78, 196

ÍNDICE ONOMÁSTICO

Truman, Harry Swinomish, 11, 15, 17, 18, 19, 66, 74, 79, 84, 185, 238, 252
Tsou, Douglas, 180
Turner, Standfield, 69, 86, 87, 150, 259

Van Cleave, William, 238
Vanderberg, Hoyt S., 65
Vanlieshout, Scott J., 95, 97
Vascio, Giuseppe, 180
Vogel, Harold, 29
Vogt, John, 237

Walesa, Lech, 107
Walker, Arthur, 181
Walker, Barbara, 181, 182
Walker, John A., 176, 181, 182
Walker, Laura, 181
Walker, Michael, 181, 182
Walters, Vernon A., 259
Waltz, John, 95
Warren, Nelly Therese, 169
Wauck, Mark, 143
Webster, William H., 87, 88, 106, 259

Weeks, Jack, 95
Welch, Jasper A., 237
Welch, Richard S., 95, 118, 126, 127
Whitworth, Jerry A., 181
Wilmorth, James R., 48, 134
Wilson, Edwin P., 139, 182, 183, 222, 223
Wilson, Joseph, 110
Wisner, Frank, 77, 89
Wold, Hans P., 183
Wolf, Thomas, 238
Wolfers, Arnold, 89
Wolfowitz, Paul, 238
Wood, Curtis R., 95, 97
Woodward, Bob, 109
Woolsey, James, 69, 70, 84, 259

Yefimov, Aleksi, 157
Yeltsin, Boris, 75, 108, 200
Young, David, 47
Yurchenko, Vitaly, 164

Zacharski, Mariam, 131
Zaheri, Fazollah, 113
Zeming, Jiang, 156

Títulos de la colección:

CIA
Historia de la Compañía

KGB
Historia del Centro

MI6
Historia de la Firma

MOSSAD
Historia del Instituto